教育部人文社科青年项目"面向生态文明建设的旅游生态安全系统作用机理解析及最优演化路径识别"(编号:16YJC630098)和山东省自然科学基金项目"空间正义语境下的乡村旅游权益均衡及格局优化研究"(编号:ZR2019BG001)资助

LVYOU CHENGSHI
SHENGTAI ANQUAN XITONG
PINGJIA YANJIU

旅游城市生态安全系统评价研究

秦晓楠　著

中国财经出版传媒集团

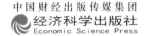

经济科学出版社
Economic Science Press

图书在版编目（CIP）数据

旅游城市生态安全系统评价研究／秦晓楠著 . —北京：经济科学出版社，2018.12

ISBN 978 - 7 - 5141 - 9835 - 5

Ⅰ．①旅…　Ⅱ．①秦…　Ⅲ．①旅游城市-生态安全-系统评价-中国　Ⅳ．①F592 ②X321.2

中国版本图书馆 CIP 数据核字（2018）第 234940 号

责任编辑：王柳松
责任校对：隗立娜
责任印制：李　鹏

旅游城市生态安全系统评价研究

秦晓楠　著

经济科学出版社出版、发行　新华书店经销

社址：北京市海淀区阜成路甲 28 号　邮编：100142

总编部电话：010-88191217　发行部电话：010-88191522

网址：www. esp. com. cn

电子邮箱：eps_bj@163. com

天猫网店：经济科学出版社旗舰店

网址：http://jjkxcbs. tmall. com

北京季蜂印刷有限公司印装

710×1000　16 开　5.75 印张　160000 字

2018 年 12 月第 1 版　2018 年 12 月第 1 次印刷

ISBN 978 - 7 - 5141 - 9835 - 5　定价：39.00 元

（图书出现印装问题，本社负责调换。电话：010 - 88191510）

（版权所有　侵权必究　打击盗版　举报热线：010 - 88191661

QQ：2242791300　营销中心电话：010 - 88191537

电子邮箱：dbts@esp. com. cn）

改革开放 40 年来，中国旅游产业经过了长期的持续高速增长，培育了基本的旅游产业结构及市场框架。旅游城市是具有优越旅游服务职能，以旅游经济长足发展、旅游资源的可持续发展为目标导向的特色城市形态，已经成为中国旅游产业发展的核心及依托，为中国旅游产业的快速繁荣做出了重要贡献。然而，粗放式的旅游产业发展模式已经为中国旅游产业带来了重要的影响，引发了多样化的生态安全问题，削弱了旅游城市的可持续发展能力。在此背景下，针对旅游城市生态安全系统的研究，已经成为探究旅游城市存续、发展的关键所在，引起了中外文文献、各级管理部门的广泛关注。

生态安全系统评价研究作为生态安全研究的核心领域，已经取得了丰富的研究成果，但仍存在研究不足。缺乏对生态安全系统进行科学的剖析，无法界定和识别生态安全系统的本质特征和关键部分；将系统要素视为孤立的、静止的独立个体，忽视了要素间的作用关系，难以对生态安全系统进行科学的描述，无法有效地指导旅游城市的发展实践。鉴于此，本书以旅游城市生态安全系统解析为切入点，将其解析为系统要素和要素间关系两个部分，将系统要素纳入相应的要素关系进行架构，构建旅游城市生态安全系统评价及分析的理论平台，从系统性、综合性的研究视角建立起评测旅游城市生态安全系统的理论及方法。

第一，旅游城市生态安全系统解析。通过文献研究，并参照前人的研究成果，本书界定了旅游城市生态安全系统的内涵及外延，并以驱动力—压力—状态—影响—响应（DPSIR）概念模型为基础理论框架，结合旅游城市的特征，界定旅游城市生态安全系统的驱动力、压力、状态、影响及响应五个系统要素，梳理出七组要素间的作用关系。同时，本书依据经济、社会、自然环境及旅游产业四个子系统的特征状态及关联作用，提炼出旅游城市生态安全系统要素的具体表达指标，构建相应的评价指标体系。

第二，旅游城市生态安全系统的评价方法。根据系统评价的基本理论，本书将旅游城市生态安全系统描述为系统要素按照相应的作用关系进行关联和整合而成的综合系统，并以要素间数量化关系为指导架构起旅游城市生态安全系统的评价模型，实现对旅游城市生态安全系统的综合描述，提升其评价结论的科学性。本书的旅游城市生态安全系统评价由两个步骤组成：第一步，要素间数量化关系研究。研究采用 DPSIR 概念模型对旅游城市生态安全系统结构进行概念化和抽象化，从"原因—结果"的视角将旅游城市生态安全系统要素间的作用关系界定为七组因果关系，引入结构方程模型对要素间的作用关系进行数量化测度。同时，采用生态网络研究方法对系统要素间的作用关系进行评价，剖析要素间作用关系的综合状况及系统功能的实现能力。第二步，要素间数量化关系约束的旅游城市生态安全系统评价研究。本书引入网络 DEA 模型作为旅游城市生态安全系统评价的基础模型，将上述要素间数量化关系研究结论与网络 DEA 模型相结合，采用验证过的要素间作用路径构建模型的网络结构，用每个网络节点所包含的作用关系的重要程度作为模型的网络节点权重，实现了要素间作用关系与系统综合评价的紧密契合，形成了要素间关系约束的生态安全系统评价研究范式，实现了对旅游城市生态安全系统的综合评价。同时，本书将生态安全系统分解为自然运行、管理反馈两个阶段，构建两个独立网络的 DEA 模型，分别研究旅游城市经济社会发展对生态环境的影响作用、旅游城市对生态安全系统的管理能力，进而识别改善旅游城市生态安全状况的关键节点，挖掘旅游城市生态安全系统存在的问题。

第三，中国主要旅游城市生态安全系统的测度与评价。本书选取中国 30 个旅游城市作为研究对象，采用本书构建的旅游城市生态安全系统评价模型，结合主要旅游城市的实证数据，对其生态安全系统进行评价。在要素间关系的数量化研究中，响应（R）对压力（P）的负向作用没有通过检验，表明了旅游城市响应措施尚未能充分起到耗散污染物、缓解生态环境冲击、压力的功效。"驱动力—压力—状态"作用路径呈现出较强的影响作用，反映出经济社会发展、旅游产业发展对生态环境造成较强的影响作用。状态（S）要素对影响（I）起到负向作用，表明当前旅游城市生态安全系统正在恶化，影响了旅游产业的发展环境。影响（I）对响应（R）起到显著的正向作用，表示了旅游产业发展能够对生态安全响应措施起到有效的激发作用、拉动作用。响应（R）对驱动力（D）、状态（S）均产生了较强的正向作用，反映出生态安全管理措施能够维护生态安全系统状态，有效地改善城市的经济社会发展模式。

同时，本书结合要素间数量化关系的测度，构建了旅游城市生态安全系统物质、能量的传递方程组，对其要素间关系的生态网络评价指标进行测度。本书发现，中国旅游城市生态安全系统具有较好的信道容量和系统聚合度，适度的系统冗余度，形成了高密度、大体量的物质、能量交互行为，代谢路径集中。系统的使用率较高，表明旅游城市生态安全网络发育比较成熟，状态相对稳定；空闲率相对适中，反映该系统培育出较高的应急响应能力，为旅游城市未来发展及突发事件的发生预留相对的网络空间。在旅游城市生态安全系统的综合评价中，本书评价自然运行阶段、管理反馈阶段的效率值，并对两个阶段的效率值进行加权综合，得出各个旅游城市生态安全系统的综合评价值，并以此为依据将中国旅游城市生态安全系统划分为绿色发展型、稳步发展型、高效发展型、双向提升

旅游城市生态安全系统评价研究

型和管理能力缺失型五种类型，并针对各个类型旅游城市生态安全系统的特点提出改善建议。

秦晓楠

2018 年 6 月

目　录

第一章
绪　论

第一节　本书的研究背景与意义

一、研究背景

（一）旅游生态安全问题突显

20 世纪 60 年代以来，旅游业以高于世界经济增长的速度持续、快速发展，逐渐发展成为全球最大的新兴产业之一。世界正逐步进入旅游时代。在中国国民经济体系中，旅游产业持续发挥着经济增长极的作用。2013 年，中国国内游客 32.6 亿人次，比 2012 年增长 10.3%；国内旅游收入 26276 亿元，增长 15.7%。入境游客 12908 万人次，国际旅游外汇收入 517 亿美元，增长 3.3%。2015 年，全国旅游工作会议提出："到 2020 年，中国旅游产业将从初步小康型旅游大国迈向全面小康型旅游大国，在规模、质量、效益上都达到世界旅游大国水平，形成一批世界级旅游城市、世界级旅游企业、世界级旅游目的地、世界级旅游景区、世界级旅游院校、世界级旅游专家，形成一批世界旅游品牌"。① 综合来看，中

---

① 2015 年全国旅游工作会议在南昌举行．见 http：//travel. people. com. cn/n/2015/ 0115/c41570 – 26389432. html.

国旅游产业经过了长期、持续的高速增长，培育了基本的旅游产业结构及市场框架，正在步入世界旅游业强国的行列。

与此同时，人们也清晰地认识到粗放式的旅游产业发展模式已经为中国旅游产业带来了重要的影响。大量涌入的旅游者、密集的旅游资源开发对旅游目的地的生态环境、社会生活带来了严重的干扰、冲击，引发了多样化的生态安全问题，影响了旅游产业的可持续发展能力。旅游生态安全危机事件层出不穷，使得越来越多的旅游资源遭受到冲击破坏，严重影响了旅游产业的存续及发展，成为制约中国旅游产业高速增长、持续发展的"瓶颈"所在。

在此背景下，旅游生态安全问题引起了中国各级政府部门、社会公众及研究者的普遍关注。2014 年 8 月 21 日，国务院关于促进旅游业改革发展的若干意见提出，以科学发展观指导旅游产业的发展及优化升级，推动旅游开发向集约型转变，更加注重资源能源节约和生态环境保护，实现可持续发展；推动旅游服务向优质服务转变。[①] 时至今日，旅游产业已经步入产业优化升级的关键时期，亟待从粗放式发展模式向集约型发展模式转变，促使旅游产业探索出一条"绿色"发展道路，实现旅游产业与经济社会系统、生态环境系统的和谐共存。旅游生态安全问题已经成为决定旅游产业的存续及发展，影响旅游产业的演化趋势的核心问题，在中国旅游产业转型过程中起到了决定性的、不可规避的作用。

（二）旅游城市呈现生态安全危机

在旅游产业蓬勃发展的大潮中，旅游城市应运而生。旅游城市是具有优越旅游服务职能，以旅游经济、旅游资源的可持续发展为目标导向的特色城市形态。一方面，培育了"吃、住、行、游、购、娱"六位一体的旅游基础设施，增强城市的游客接待能力及旅

[①] 国务院关于促进旅游业改革发展的若干意见. 见 http: //www. gov. cn/zhengce/content/2014 - 08/21/content8999. htm.

游服务职能，成长为旅游产业的服务基地、集散中心；另一方面，依托于传统旅游资源，凸显现代都市特色，形成了独特的旅游目的地。2011 年底，中国主要旅游城市的国际旅游外汇收入已占到全国国际旅游外汇总量的 87.5%。旅游城市已经成为中国旅游产业发展的核心及依托，为旅游产业的快速繁荣增长做出了重要贡献。

旅游城市既承载着旅游服务职能，也扮演着旅游吸引地的角色，其经济社会发展与旅游产业紧密相连，当地居民的生产生活与旅游者的游憩活动息息相关。一方面，不良的旅游资源开发及超负荷的旅游者接待会显著地削弱城市生态系统的承载能力，引发当地居民对旅游产业的抵制心理，从而动摇旅游产业发展的支撑环境。近年来，尽管各旅游城市对环保日益重视，安全意识逐年提高，但一些城市的旅游企业、游客和当地居民均尚未将生态环境保护工作提高到事关城市发展和旅游业的兴衰成败的高度来认识，致使因人为原因导致的生态环境被破坏、被污染的现象在各个旅游城市仍时有发生。旅游产业发展对载体城市的负向影响日益彰显，引发了当地居民对旅游产业的抵制情绪。另一方面，城市化进程的加快、城市人口的激增、人民生活水平的提高和消费的升级，都给原本有限的城市资源、环境供给带来更大压力。饮用水水源水质超标、垃圾围城、机动车污染、扬尘污染等一系列问题随之出现，直接影响城市居民的生活环境。在此背景下，城市的基础生态安全状况也反作用于旅游产业。城市人口密度较高，经济社会活动密集，对自然生态系统产生高强度的冲击，削弱了旅游资源的吸引力，阻碍了旅游产业的发展壮大。

综合来看，在高速发展、繁荣向上的旅游产业中，旅游城市起到了举足轻重的作用。旅游产业与载体城市之间的关联作用更加紧密，呈现出共存共荣的发展态势。近年来，旅游产业的高速发展、旅游者的大量涌入将占用、争夺更多的物质资源，对城市经济社会的发展产生干扰，加重了旅游城市生态系统的压力，并对载体城市的旅游服务职能提出了更高的要求。同样的，中国城市经济一直保持高速增长态势，并且长期以来延续的是一种"高投入、高消耗和高排放"的粗放型增长模式，使得城市赖以存在的自然生态环境面临越来越严重的压力，从而导致自然生态系统恶化，威胁旅游产业的根基，削弱旅游城市的可持续发展能力。鉴于此，旅游产业带来的生态环境问题、城市发展引发的生态危机均在旅游城市集中显现，使得中国旅游城市生态安全问题日益凸显，作为影响旅游城市的存续及发展的关键问题，持续考验城市旅游资源的承载能力、基础设施的服务能力等。

（三）旅游生态安全研究中亟待解决的问题

旅游生态安全状况作为反映旅游城市存续、发展的一个关键指标，对旅游城市生态安全系统进行分析评价不仅涉及旅游产业的范畴，更成为一个涵盖旅游城市经济系统、社会系统及自然生态系统的综合性问题。旅游城市生态安全问题是一个复杂的研究课题，涉及系统科学理论、经济学、城市复合生态系统、生态学等研究领域，需要从系统的、综合的研究视角对其系统进行认知评析。因此，系统性研究成为解析旅游城市生态安全问题、辨识该问题的关键影响因素的有效手段。鉴于此，本书以中国主要旅游城市为研究对象，以旅游城市生态安全系统评价为研究主题，对旅游城市生态安全系统进行概念解析，辨析旅游城市生态安全系统的框架结构。架构起旅游城市生态安全系统评价及分析的理论平台，从系统性、综合性的研究视角建立适合旅游城市生态安全系统的评测理论及研究方法。

旅游城市作为一种特殊的城市类型，其旅游产业与载体城市的经济、社会、生态环境等方面息息相关。本书将旅游城市视为一个整体，强调旅游产业与载体城市的融合，将城市发展模式、自然资源及旅游资源的状况、旅游产业的发展环境等融入一个综合的生态安全系统。按照事件发展时序对该生态安全系统进行解构认知，探索出一种多元化、全过程、系统性的研究范式。依据"生态安全系统解析——系统要素间关系梳理——要素间关系数量化研究——生态安全系统综合评价"的研究脉络，形成层层递进的研究体系，丰富和补充了生态安全系统评价的理论体系和方法体系，为中国旅游城市认知、改善其生态安全系统提供借鉴和参考思路。在此基础上，将上述研究脉络与旅游城市生态安全系统评价的研究主题相结合，提炼出三个亟待解决的科学问题。

第一，如何界定旅游城市生态安全系统，归纳总结其系统内部的要素，厘清系统内部的组织结构及功能关系，实现对旅游城市生态安全系统全面、综合的描述？

第二，如何将生态安全系统的框架结构分析从定性、主观的研究方法转变为定量、科学的研究模式，从数量化的研究视角架构起系统结构，提升旅游生态安全系统解析与研究对象实际状况的契合度？

第三，如何采用要素间数量化关系对系统评价研究进行指导、约束，对旅游城市生态安全系统进行测度评价，从而拓展生态安全的研究视野，提升研究结论的科学性及适用性？

二、本书的研究意义

（一）理论意义

1. 搭建旅游城市生态安全系统的评价理论平台

本书将（DPSIR 驱动力—压力—状态—影响—响应）概念模型的基本理论移植到旅游生态安全系统研究中，选取其作为旅游生态安全系统解析及评价的理论基础，结合旅游产业、城市旅游的特色并界定系统内部的要素内涵、要素间的作用关系，架构旅游城市生态安全系统的研究框架。同时，研究梳理以往的相关文献，辨识生态安全评价指标的共性特征，统计出高频的、经典的生态安全评价指标，结合旅游城市生态安全系统五个核心要素的界定，并延续了生态安全研究中高频经典评价指标的描述内容、测度方向，对旅游特色评价指标进行选取设计，对旅游产业化特征、评价指标体系进行增补，从而增强对旅游城市生态安全系统特性的表征能力，搭建出旅游城市生态安全评价研究共性的理论平台。

2. 对旅游城市生态安全系统要素间的关系进行数量化研究，深化了对系统内部运行过程的认知程度

依据系统评价的基本理论，本书提出了系统的要素间关系是作为旅游城市生态安全系统的构成组件，表征出系统要素间的组合方式，决定生态安全系统的综合状况及功能实现能力。在此基础上，研究以 DPSIR 概念模型为基础的理论框架，引入结构方程模型对要素间的作用关系进行验证与测度，实现要素间关系的数量化研究，探析旅游城市生态安全系统要素的运行过程，为系统评价研究提供了科学性、综合性的理论框架；同时，引入生态网络的研究方法，将各个要素间的作用关系串联起来，放置在一个综合的生态网络中，对所有的作用关系进行有效整合，对旅游城市生态安全系统要素间关系进行评价，认知系统要素间关系的综合状况及系统功能的实现能力。

3. 实现要素间关系的数量化研究与旅游城市生态安全系统评价的紧密结合，提升了旅游城市生态安全系统评价的科学性，拓展了生态安全系统评价的研究视野

旅游城市生态安全系统是一个复合的、动态的结构体系，构建了综合的、动态的运行过程。其系统内部呈现出持续的、大量的物质、能量的传递、转化，系统要素亦呈现出层层递进的作用关系。然而，目前的生态安全系统评价研究仅仅是将各个系统要素并列起来进行加权综合，易造成生态安全系统要素影响能力的重复叠加，影响评价结果的准确性。鉴于此，本书引入网络 DEA 模型，将要素间的关系表征为生态安全系统运行过程的各个子过程，构建出综合的系统框架结构，实现对旅游城市生态安全系统的科学描述。

同时,将要素间的数量化关系引入网络 DEA 模型,依据关系网络构建该模型的网络结构,用每个网络节点所包含的作用关系的重要程度作为模型的网络节点权重,对旅游城市生态安全系统进行综合评价,进而实现了"要素间作用关系研究"与"旅游城市生态安全系统评价"的紧密结合,提升了生态安全系统评价的科学性,拓展了生态安全系统评价的研究视野。

(二) 实践意义

1. 提升了旅游城市对自身生态安全系统状况的认知程度

对旅游城市生态安全系统状况的认知程度是旅游城市改善其生态安全系统状况,促进经济、社会与自然系统和谐共存的基础。结合旅游城市的生态安全系统的实证数据,本书将生态安全系统进行解析,表征了经济社会发展对生态环境系统的依存关系及影响,也反映了旅游城市为增强其可持续发展能力的自主的、积极的反馈作用,进而使旅游城市清晰地认知其生态安全系统的作用过程,为相关策略的制定、实施提供了科学的理论支撑。

2. 深化了旅游城市对生态安全系统运行过程的辨识,增强了对系统演化趋势的预测能力

旅游城市生态安全系统内部的运行状况决定了城市的可持续发展能力,影响旅游产业发展模式的稳定及发展。本书通过梳理旅游城市生态安全系统内部物质、能量的传递、耗散过程,从关联作用、系统功能的视角对生态安全系统内部要素进行整合,对旅游生态安全系统的运行过程进行分析与评价,辨识出旅游城市生态安全系统的演化趋势及系统功能的实现能力,为旅游城市提出了改善其生态安全系统的策略方向。

3. 为旅游城市提升生态安全系统的管理能力提供了策略参考

本书将旅游城市生态安全系统分解为自然运行阶段、管理反馈阶段,表征了旅游城市发展对生态环境的影响作用,也评价了旅游城市生态安全响应措施的实施绩效,反映了旅游城市自主、积极的

管理能力，辨识影响旅游城市生态安全系统可持续发展的问题所在，提出了旅游城市改善其生态安全系统的策略建议。

第二节 中外文文献研究进展及评述

一、生态安全研究进展

随着人口数量的增长和社会经济的快速发展，经济社会持续不断地冲击、干扰着生态系统。相对来说，生态环境恶化严重威胁着人类社会的存续及发展。在此背景下，生态安全研究引起了各国政府、科研机构和学者的广泛关注。由于研究维度选择不同，中外文文献生态安全研究内容呈现出较大的差别。

（一）外文文献关于生态安全的研究进展

生态安全研究扩展了传统的国家生态安全的研究范畴，将原本仅涉及政治领域、军事领域的国家安全问题转向生态环境领域。国外生态安全研究的开端，就是环境变化与国家安全之间的关系（王耕，2007）。在此背景下，国际上开展了多项全球维度的科研项目，全面探讨环境退化引发地域冲突等热点问题。与此同时，学者们也从环境变化的研究视角对生态安全进行概念界定，构建基础的理论框架。如托马斯等（Thomas et al.，1993）指出，生态安全作为影响国家安全、经济社会稳定的重要组成部分，描述了人类社会存续及发展所必需的自然环境，处于不受或少受破坏与威胁的状况。杰拉德与丹尼斯（Gerald and Dennis，2007）指出，尽管当今世界战争威胁依然存在，但引起国家安全危机的关键正逐步由军事问题向环境问题转化。21 世纪以来，生态安全研究从环境变化与安全关系的研究理念上扩展开来，形成了多样化的研究中心，逐渐培育成系统化、综合化的研究领域。主要集中在以下几个方面。

1. 单因素的影响研究

单因素对生态安全的影响研究主要倾向于识别生态安全的核心影响因素，并对其进行研究探讨，从而提炼生态安全的基本理论。学者们主要集中于土地利用程度的变化、水质变化、全球化程度、人口增长及能源消耗等方面对生态安全的影响作用，并着重于对生态脆弱带和重点流域的实证研究。如海岸地带、农牧交接地带、山地平原过渡带、水土流失等区域（Bartell S. M.，1999；Heggem D. T.，2000；Rowntreek，2000）。

2. 生态安全脆弱性研究

生态安全脆弱性研究，是生态安全的核心内容。通过生态安全脆弱性分析，能够辨析威胁生态安全系统的核心要素，分析影响因素的作用关系，为采取应对战略提供依据。生态安全脆弱性研究分为两个研究尺度：一是宏观尺度，以国家、区域为研究对象，测度同一指标体系或者影响因素在不同背景下的脆弱性及响应能力。该尺度的研究综合了经济、社会及自然环境三个维度的影响因子。美国贝尔弗科学与国际事务中心提出了《评价全球环境风险的脆弱性项目》，构建了生态安全脆弱性研究的理论框架，对缓解、改善脆弱性状况提出了相应的对策建议（Clark W. C.，2000）。瑞典斯德哥尔摩环境研究所的《全球环境变化及脆弱性研究工作》研究项目提出了生态安全脆弱性评价的具体指标、指数及关键因子，建立了脆弱性研究的基础理论体系。二是中微观层面，以区域生态系统中特定的种群、斑块的变化为研究对象，探究区域自然环境变化与人类经济变化的关系（Kasperson J. X.，2013）。

3. 生态安全系统健康性研究

生态安全是指，以人为本的战略性概念，指在国家层面、区域层面的生态资源状况能够支撑人类社会经济社会发展的需求，既要防止由于生态环境的退化对可持续发展能力的削弱，又要防止重大环境问题的发生。因此，生态系统的健康、完整性和可持续性，是维持生态安全状态的关键。20 世纪 80 年代，生态系统健康性评价逐渐兴起。1999 年，美国召开的国际生态系统健康大会，提出了生态系统健康评价方法及指标体系，为后续研究提供了基本框架及内容。霍林等（Holling et al.，2001）在其研究的基础上，增加了稳定性、活力和可持续性的概念，对生态系统健康进行评价。乔根森等（Jorgensen et al.，1995）提出，使用活化能、结构活化能和生态缓冲量来评价生态系统健康。随着研究的深入，文献指出，不仅要从生态系统出发进行健康性评价，还要认知生态系统对人类社会的服务及支撑能力。因此，生态系统健康性评价逐渐扩展到生态系统服务功能评价，开始涵盖了经济社会、人类健康等方面的评价指标。沙佛等（Schaefer et al.，1988）测度了生态安全系统服务功能的阈值，指出人类经济社会发展、物质资源的开发利用均应限制在生态安全系统服务功能的阈值中。科斯坦萨（Costanza，1999）等构建了包含物理、化学、社会经济、人类健康的综合指标作为生态系统健康的度量标准，考量了每一部分对整个生态系统功能的相对重要性评估，综合评价生态安全系统为人类提供生态系统服务的质量与可持续性。

4. 生态安全预警研究

国际生态安全预警研究的视角多从国家维度出发，测度突发的自然灾害及经济活动引发的生态风险等领域。全球环境监测系统（GEMS）引领了国际上生态安全预警的研究，该项目旨在对全球环境进行定期、定量的监测，对环境组成要素的状况进行评测，从而对全球各个区域的生态安全状况进行比较排序。美国构建了洪水泛滥预警体系，发展了单项预警体系，在国家灾害预警体系中做出了突出的贡献。格兰资源利用研究所探究了核心资源的存量及承载力，提出英国的资源承载力备择方案。罗马俱乐部对全球发展进行预测和综合研究，以综合预警的方式达到系统整体评价的目的。美国贝尔弗研究中心架构了紧急预警系统用于中西部六个州的应急管理，实现了应急管理的优化及智能，成为政府决策体系的基本组成部分。

（二）中文文献关于生态安全的研究进展

中文文献中，生态安全研究起源于20世纪90年代初。由于生态系统的类型、数目、空间分布与配置及生态演化过程存在诸多差异，中文文献针对生态安全的研究也在不断进行方法与理论的创新。本书利用 Citespace Ⅱ 软件，对被引（cited）文献和引文（citing）进行相应数据的挖掘和计量分析，归纳了生态安全研究领域的知识基础，把握生态安全研究的最新进展、前沿热点、演化路径和未来趋势，为相关研究提供依据。本书以中文社会科学引文索引（CSSCI）为数据源，以生态安全为关键词进行检索，共获得文献299篇及1034条去除自引的施引文献。绘制基于文献共被引网络的"生态安全"研究领域的知识结构图谱，辨析生态安全研究领域的理论结构。具体操作方式如下，时间切割（time slice）设置为1年，主题词来源（term source）同时选择标题（title）、摘要（abstract）、系索词（descriptions）和标识符（identifiers），主题词类型（term type）选择名词短语（noun phrase），节点类型（node type）选择被引文献（cited reference），阈值选择（thresholding）以 TOP 35 为阈值，其余时段切割值由线性插值赋值。运行 Citespace Ⅱ 软件得到可视化网络相应的网络时区图，包括289个节点（nodes）和1185条连线（link）。

结合文献共被引网络图谱及关键节点文献信息，如表1-1所示，本书将生态安全研究领域划分为生态安全研究起源、生态安全基础理论、生态风险评价、生态系统评价、土地生态安全研究五个知识群组。

旅游城市生态安全系统评价研究

表 1 - 1　　　　生态安全研究文献共被引网络中节点文献信息

类别	首次被引时间	作者	发表年份	文献名称	期刊
#C1 生态安全研究起源（origin of ecological security research）	无	无	无	无	无
#C2 生态安全基础理论（ecological security basic theory）	2002～2003 年	肖笃宁	2002	论生态安全的基本概念和研究内容	应用生态学报
		左伟	2002	区域生态安全评价指标与标准研究	地理学与国土研究
		杨京平	2000	全球生态村运动述评	生态经济
		陈国阶	2002	论生态安全	重庆环境科学
#C3 生态风险评价（ecological risk assessment）	2004～2006 年	吴国庆	2001	区域农业可持续发展的生态安全及其评价探析	生态经济
		崔胜辉	2005	生态安全研究进展	生态学报
		曹新向	2004	区域土地资源持续利用的生态安全研究	水土保持学报
		付在毅	2001	区域生态风险评价	地球科学进展
		马克明	2004	区域生态安全格局：概念与理论基础	生态学报
		左伟	2002	区域生态安全评价指标与标准研究	地理学与国土研究
		邹长新	2003	生态安全研究进展	农村生态环境
		郭中伟	2001	建设国家生态安全预警系统与维护体系	科技导报
		唐先武	2002	关注中国的生态安全	科技日报
		曲格平	2002	关注生态安全之二：影响中国生态安全的若干问题	环境保护
		任志远	2005	陕西省生态安全及空间差异定量分析	地理学报
		科斯坦萨·R.（Costanza R.）	1997	世界生态系统与生态资本评价研究（value of the world's ecosystem services and natural capital）	自然（nature）

类别	首次被引时间	作者	发表年份	文献名称	期刊
#C4 生态系统评价（ecological system assessment）	2007～2008 年	王根绪	2003	生态安全评价研究中的若干问题	应用生态学报
		郭秀锐	2002	城市生态系统健康评价初探	中国环境科学
		陈东景	2002	西北内陆河流域生态安全评价研究	干旱区地理
		陈浩等	2003	荒漠化地区生态安全评价	水土保持学报
		杨庆媛	2003	西南丘陵山地区土地整理与区域生态安全研究	地理研究
		杜巧玲等	2004	黑河中下游绿洲生态安全评价	生态学报
#C5 土地生态安全研究（land ecological security）	2009～2011 年	俞孔坚	1999	生物保护的景观生态安全格局	生态学报
		刘勇	2004	区域土地资源生态安全评价——以浙江省嘉兴市为例	资源科学
		张虹波	2007	黄土丘陵区土地资源生态安全及其动态评价	资源科学
		张虹波	2006	土地资源生态安全研究进展与展望	地理科学进展
		吴次芳	2004	土地生态系统的复杂性研究	应用生态学报

注：#C1 未出现中心度 >0.01 的关键节点文献。

资料来源：表 1－1 中的文献为图 1－1 生态安全文献共被引网络图谱中的关键节点文献，具体文献的信息来自知网所提供的检索信息。

1. 生态安全研究起源

#C1 聚类：#C1 知识群组是国内生态安全研究领域中最早的聚类群组——生态安全研究起源群组。生态安全起源的研究，集中在生态安全理念推介和环境与生态交叉研究两个方面。其中，生态安

全理念推介是从经济安全与政治安全的角度诠释生态安全的价值与地位，而环境与生态交叉研究主要借助于外文文献生态环境保护研究成果与经验，从洪涝灾害、泥石流灾害、农业灾害等角度展开研究。可见，中文文献生态安全研究在初期把生态安全等同于环境安全和资源安全，研究大部分局限于生态学、地理学的领域，较少涉及生态系统与社会经济要素的关联，对后续生态安全研究的影响较弱。

2. 生态安全基础理论

#C2 聚类：#C2 知识群组——生态安全基础理论群组初次被引时间大多是在 2002 ~ 2003 年，节点呈现出较高的中心性，并与周边有着密集的连接线，形成了具有较强凝聚力的研究网络。在生态安全基础理论奠基阶段，研究集中在基础概念与理论的探讨及研究体系的架构上，形成了丰富的成果和结论，对后续研究具有较强的解释度。该阶段扩展了生态安全概念的认知，从单一的自然生态系统研究扩展到包含社会系统、经济系统的综合研究。在研究体系构建上，提出生态系统评价、生态系统服务功能以及生态安全预警三个方面，作为生态安全研究的主要内容。知识群组中中心度最高的三个节点文献是整个共被引网络的关键节点，分别为 2002 年肖笃宁发表的《论生态安全的基本概念和研究内容》、2002 年左伟发表的《区域生态安全评价指标与标准研究》、2002 年杨京平发表的《生态安全的系统分析》。

3. 生态风险评价

#C3 聚类：#C3 知识群组为生态风险评价聚类群组，其首次共被引时间是 2004 ~ 2006 年。图谱分析显示，生态风险评价知识群组中节点数目众多，中心度分布较为均衡，与#C2 知识群组有着较强的关联，基本上形成了对#C2 聚类外部的包围，呈现出共被引网络重叠。该阶段有关生态安全的研究已进入了活跃期，形成了多态的研究中心，产生了丰富的成果和结论。其主要研究成果包括三

个方面：首先，将生态风险的研究解析为格局与过程两个维度，对生态系统进行静态分布和动态演化的研究和评价。其次，广泛采用生态安全阈值法对生态风险进行评价，探索普适性的生态安全标准，促进生态系统安全横向比较。最后，生态预警成为生态风险研究领域的热点，围绕《建设国家生态安全预警系统与维护体系》形成了中心度较强的研究聚类。

4. 生态安全系统评价

#C4 知识群组为生态安全系统评价，首次共被引时间是 2007～2008 年。其三个关键节点文章与#C2 网络有着密集的连线，呈现出共被引网络重叠。生态系统评价研究主要是从生态风险（脆弱性、压力）与生态健康（恢复性、完整性、活力）两个角度进行。生态系统评价将指标体系的建立作为生态安全评价研究的基础和重点，群组中有大量关于指标体系构建研究的外文文献引用，并根据中国国情的特点进行了指标的修正，研究主要针对不同类型、不同尺度的生态系统采用适合的评价指标体系进行评价。

5. 土地生态安全研究

#C5 知识群组——土地生态安全研究处于图谱的外缘位置（其首次共被引时间是 2009～2011 年），与#C3 聚类有着较强的关联。土地生态安全研究是生态风险评价的理论延伸和实践应用，该领域主要是在农村资源评价研究、区域生态安全研究的基础上进行土地生态安全研究。本书倾向于采用景观生态格局、土地利用覆盖率等地理学科的理念和方法，剖析土地资源生态影响机理，构建土地资源生态安全评价指标体系，进而识别不同状态的土地利用模式，塑造土地利用的安全格局。

鉴于上面的分析，生态安全文献共被引网络形成了知识和理论的流动与继承脉络，体现出生态安全研究的连贯性和延展力，并直观地展示出生态安全研究领域内知识群组之间的演进脉络，如图 1－1 所示。

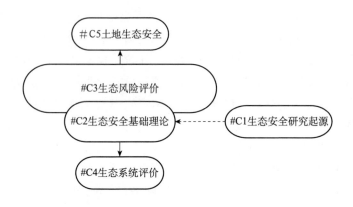

图1-1 生态安全研究的知识群组演进脉络

资料来源：作者根据图1-1生态安全文献共被引网络图谱进行的简化提炼绘制而得。

结合共被引图谱分析，生态安全研究领域聚类的知识群组数量不多，构成的演化路径相对较短。#C1聚类（生态安全起源）处于网络的边缘，呈现出一定的独立性，与后续研究关联性不强。#C2聚类（生态安全基础理论）处于网络中心，与周边关联性紧密，是整个生态安全研究领域的理论基础。#C3知识群组（生态风险评价）和#C4知识群组（生态系统评价）都与#C2知识群组有着紧密的联系，是#C2知识群组的理论延伸，成为生态安全研究领域的前沿分支；#C5知识群组（土地生态安全研究）是#C3知识群组的分支，是#C3研究理论的深化及在实践中的应用。

二、城市生态安全研究进展

城市生态安全研究是作为生态安全系统评价的一个研究前沿，代表了生态安全研究正在趋向于特色的、具体的生态安全系统研究。总体来看，城市生态安全研究刚刚起步，其研究成果较少，主要是对以往生态安全研究成果的应用及检验。将城市生态安全研究分为以下三个方面。

（一）城市生态环境对城市生态安全的影响研究

生态环境对城市生态安全的影响是分析城市经济社会发展对资源环境的影响作用，通常采用"生态环境—经济社会"耦合关系的先验性研究范式，提炼出经济社会发展与资源环境交互的主要指标，进行测度、研判，对城市发展过程中面对的生态安全问题进行了解释。格罗斯曼和克鲁格（Grossman and Krueger，1995）提出了著名的环境库兹涅茨曲线（EKC）假设，指出城市的生态环境综合状况是随着人类发展呈现出倒"U"形的演变趋势。奥德姆（Odum，1995）采用能值分析方法，建立城市发展过程中的能流模型，解析了城市与其依赖的生态环境之间的能流交互过程，从而对城市的资源消耗、环境污染问题进行分析解释。皮克泰和苏里尼等（Pictett and Zurlini et al.，2014）采用生态、社会经济弹性力评价，架构起城市生态环境质量的研究框架，为城市生态规划建设提供指导。中文文献也针对中国城市特色，探讨了城市生态环境与经济发展之间的关联作用。来永斌等（2005）、王永彪（2004）、卢久经和李艳菊（2009）提出了从宏观政策的角度解决城市生态环境建设的基本理念，建构起城市生态规划的基本框架，提出了控制城市人口增长，加快城市产业结构转型作为协调人与自然的关系构建生态城市的必经路径。郑锋等（2004）、罗劲松（2004）提出了工业生产对城市生态环境的负面影响力，探索"低污染、零排放"的清洁生产方式，促进城市生产方式应与其生态环境和谐共存。黄春华等（2009）提出了城市生态美学的研究视角，构建了城市生态系统中经济、社会、自然的动态平衡系统，形成了城市生态环境优化升级的新理念。

（二）自然资源对城市生态安全的影响研究

自然资源与经济社会发展的综合研究是选取城市主要资源的演变状况，作为评价城市发展过程的标志性因素。梅多斯（Meadous，

1972）提出了城市发展存在的"有极限增长"，利用系统动力学模型对城市生态资源问题进行预测，引发了对于国际大城市资源问题的思考。斯塔索普洛斯·M. 和阿尔贝蒂·M. 等（Stathopoulou and Alberti et al.，2007）采用 GIS 软件与 RS 软件、数据模型等方法对城市土地覆盖、土地应用进行研究。玛茹尔·J. 等（Marull et al.，2007）构建了城市土地适用性指标体系，采用生态隔离指数、基质稳定性指数、植被脆弱性指数对城市土地利用状况进行评价。中文文献将城市生态资源研究集中于土地资源、水资源、气候资源及森林资源等维度。毛蒋兴（2004）、史培军（2006）分别从交通系统培育、经济社会发展与城市土地利用之间的作用关系，指出城市化或人口增长是城市土地利用变化的主要因素。方创琳（2001）、周海丽（2003）以深圳市等为研究对象，测度城市化发展与城市水环境质量变化的耦合关系。莫丹等（2005）、姜乃力（2011）以广州市为例，探索城市化进程及人口加剧对生态安全岛森林的生物量及物种多样性的影响作用。

（三）城市生态安全的综合性研究

城市生态安全研究引入了"社会—经济—自然"的复合生态系统的思想，运用系统科学的方法，调节城市系统内部的"经济—社会—生态环境"关系，改善系统的结构和功能，促进社会与自然的和谐发展。1987 年，世界环境与发展委员会完成了《我们共同的未来》报告，推广了城市生态安全建设的发展理念。相关的国际组织积极参与城市生态安全的综合性研究领域。联合国人类住区规划署提出的《可持续城市指标体系》、世界环境与发展大会发布的《21 世纪议程》及国际生态城市建设协会提出的《国际生态重建计划》将城市生态安全的综合研究推向高潮。中文文献倾向于构建城市生态安全评价指标体系，对城市可持续发展进行综合评价。近几年，在城市生态系统健康评价方面的研究有，袁明鹏和严河（2003）以"城市生态系统健康性"为研究主题，构建了递进层次的城市生态安全评价指标体系。郭秀锐等（2005）以广州市为研究对象，将城市生态安全评价方法应用于生态城市规划方案的决策中。苏美蓉等（2006）以北京、上海、广州、大连等城市为研究对象，以城市生态安全评价指标体系为基础，采用集对分析方法，测度样本城市生态安全系统的健康状况。刘香瑞等（2006）以北京市为研究对象，采用模糊数的方法，简化了生态安全评价指标体系，测度北京市生态安全系统的演化状况。戴晓兰等（2007）应用物元评价模型，建立了城市生态安全健康状况的阈值矩阵，对城市生态安全状况进行等级划分。

三、旅游生态安全研究进展

近年来，旅游产业发展迅速，大量涌入的旅游者、密集的旅游资源开发对当地的生态环境、社会生活带来了严重的干扰、冲击。旅游目的地生态安全风险日益凸显，成为影响旅游产业发展的关键所在，也成为中外文文献关注的热点问题。

（一）外文文献关于旅游生态安全研究进展

外文文献并没有明确提出旅游生态安全的研究理念，将生态安全的研究融入可持续发展的研究框架中。国外旅游生态安全问题主要集中在两个部分：一是探讨旅游发展过程中的"环境—经济"的综合发展模式。亨特等（Hunter et al.，2007）归纳总结了当前旅游产业的发展模式，并提出根据不同的发展背景，需要在环境维护及产业增长中探索一个均衡发展模式。约翰森和泰瑞（Johnsons and Tyrrel，2005）对旅游业发展过程中环境与经济的关联作用进行研究，提出了保守的环境保护的模式与忽略环境的模式均影响着旅游产业的可持续发展能力。特诺克等（Turnock，2011）、方斯等（Fons et al.，1999）提出了乡村旅游发展过程中的"环境—经济"协作机制。二是从利益相关者的角度探讨旅游产业的可持续发展能力。外文文献分别从社区居民的参与程度、旅游企业在环境保护中的努力以及政府部门对旅游生态安全问题的管理能力等角度，分析利益相关者的行为模式对旅游产业发展能力的影响作用。

近年来，外文文献逐渐注重对旅游可持续发展评价指标体系的构建，尽量涵盖更多的影响因素。科尔多巴（Cordoba，2005）将旅游产业的环境评价指标进行扩展，增加了旅游者行为、旅游地经济社会影响等因素。之后，该研究理念得到了广泛的认可及应用。布兰卡斯等（Blancas et al.，2006）、古尔东等（Gourdon et al.，2012）均延续了该研究理念，将旅游可持续发展的评价指标体系分解为社会、经济、环境、物质资源等评价维度，形成了复合型、系统性的研究框架。

（二）中文文献关于旅游生态安全研究进展

中文文献对旅游生态安全研究取得了较为丰富的研究成果，并采用了多样化的研究对象进行实证研究。国内旅游生态安全问题主要集中在三部分。

第一，从旅游环境适宜性的角度表征旅游目的地的生态安全状况。徐雁南（2007）、程道品（2011）以桂林花坪等风景区为研究对象，构建了旅游风景名胜区的环境适宜性评价指标体系。严密（2005）、王忠君等（2004）辨识了国家森林公园的生态因子，建立了生态环境影响因子的标准阈值，将其生态因子状况与国家标准进行比较研究。陈明生（2006）以福建滨海生态旅游为研究对象，构建了资源条件、开发条件、环境状况三个维度的评价指标体系，运用模糊层次分析法对滨海旅游产业进行评价。何永彬和王筱春（2006）以石林为例，对生态型旅游资源开发的环境影响评价进行研究。

第二，从生态承载力的研究视角，进行旅游生态安全研究。李健等（2006）、曹新向（2006）采用生态足迹评价模型，构建了旅游环境承载力评价的研究脉络。曲小溪等（2006）以盐城丹顶鹤湿地自然保护区的生态旅游为研究对象，将上海市大气质量评价方法引入生态承载力研究，提出了旅游环境承载力的新的测量视角。赵赞等（2007）以漓江生态旅游为研究对象，采用综合模糊评价法对漓江生态旅游环境承载力进行量化。

第三，从旅游者感知的视角，对旅游目的地的生态安全状况进行评价。万绪才等（2013）以旅游者评判的视角，构建了旅游生态安全评价指标体系，并对南京市、苏州市的旅游生态安全状况进行了实证研究。宋振春和陈方英等（2008）以泰山风景区为研究对象，从旅游感知视角对于山岳旅游资源及历史文化旅游资源的吸引力进行评价。吕君（2008）分析了旅游环境保护与生态安全之间的关联作用，提出正确的旅游环境保护意识对旅游目的地的生态安全状况起到显著的改善作用。

四、生态安全评价的研究进展

生态安全评价作为生态安全研究的基础与前提，表征了研究者对生态安全系统的认知程度，界定了生态安全后续的研究框架及理论基础。近年来，生态安全评价研究受到了中外文文献、管理者的广泛重视，进行了深入的理论探索及实证研究。研究者相继提出了一系列定性、定量的评价方法，综合了数学、经济学、景观学等多学科领域的理论知识，并应用到不同研究尺度、不同类型的生态安全系统的评价研究中，产生了丰富的研究成果。本书主要从评价理论、评价指标及评价方法三个方面对该研究领域进行了分析梳理。

（一）生态安全评价理论的研究综述

生态安全评价是针对特定时空范围内的生态安全状况进行的定性或定量的描述，旨在测度在一定时空范围内的人类开发建设活动对环境、生态的影响过程与效应，包括评价主体、评价方案、评价指标及信息转换模式等构件。由于生态安全评价作为生态安全基础理论研究上的分支及前沿，其评价的基本理论应表明研究者对生态安全概念的理解和认知。因此，按照生态安全概念的研究进展及分类，国内外常用的生态安全评价理论分为以下三种类别。

1. "暴露—响应"的评价理论

生态安全是用来描述生态系统的结构是否受到破坏，其生态功能是否受到损害以及其自身结构是否受到冲击、破坏的综合状况。在此基础上，研究者提出了"暴露—响应"理论框架对生态安全风险性进行评价研究，其常规评价模式为"问题解析—暴露分析—响应措施—应急管理"。1992 年，美国国家环保局（EPA）将生态风险评价定义为是对一种外源力或者多种外源力对生态系统造成的负面的、破坏性的影响作用的综合评价，并依据"风险源—暴露—响应"的研究框架构建出"生态风险评价大纲"，奠定了生态风险评价的研究基础。巴恩特豪斯与苏特（Barnthouse and Sute，1988）尝试将人体健康性的评价体系引入生态风险评价中，从暴露评价、影响评价的过程中识别风险源，构建一个综合的生态风险流程图。亨特科夫特（Hunsakertffu，1990）初次探讨如何将暴露评价、影响评价的生态风险分析方法应用到区域景观领域上，拓展生态风险评价的研究尺度，将风险评价研究引入地区、国家的研究尺度。国内对于"暴露—响应"的研究大多是国外研究成果的移植，体现了中国生态安全系统的特点，针对矿产区域、粮食产地等生态脆弱地域进行实证研究（韩忆楠等，2013；谢立勇等，2014；余中元等，2014）。

2. 生态承载力的评价理论

生态安全表征了自然生态系统、半自然生态系统的安全状况，即两个生态系统的完整性及健康性，描述了生态系统的健康状况及其对人类经济社会行为的支撑能力。根据上述生态安全的概念认知，研究者指出人类社会的存续及发展需建立在自然生态系统结构完整、物质资源充足及环境维持一定容纳量的基础上。生态承载力作为评价可持续发展能力基础支持系统的方法之一，其基础理论及评价方法受到国内外学者的广泛关注。早期生态承载力的研究仅仅局限于生态学领域，描述在某一特定环境条件下某个生态物种得以存活及繁衍的能力。但随着资源短缺、环境污染及城市化进程加剧等问题的凸显，生态承载力的研究逐渐延伸到人类生态学中，与生态破坏、环境退化、资源减少、人口增加、经济发展等研究主题紧密结合。该研究理念被广泛应用到生态安全的各个研究领域，如，水资源承载力评价研究、土地资源承载力评价研究、矿产资源承载力评价研究等方面。近年来，生态承载力研究倾向于综合性研究，将研究尺度从单一资源的维度扩展到区域、国家的维度，探讨生态安全系统内部多种要素间的制约关系、依存关系，如环境承载力研究、相对资源承载力研究、旅游承载力研究。

3. 综合性的评价理论

由于生态安全研究内容覆盖面广，涉及众多要素，因而如何构建系统性、综合性的研究框架，对各种影响因素进行有效的整合描述，始终成为生态安全研究的核心问题及研究难点。针对该难点问题，研究者通过构建生态安全概念模型的研究方法，对复合、多元的生态安全系统进行归纳、梳理。1990 年，经济合作与发展组织（OECD）为推进生态环境指标研究项目，依据托尼·F. 提出的"压力—响应"分析框架，构建"压力（P）—状态（S）—响应（R）"概念模型。压力（P）反映了人类的经济社会发展对自然生态系统造成的冲击和压迫，主要是描述经济社会发展过程中污染物的排放状况和能源消耗的状况。状态（S）主要描述了生态环境的综合状况及发展演化趋势，包含生态环境的各种数量及质量的指标、标志性的自然现象等方面。响应（R）旨在阻止、补偿、减轻或适应生态环境的变化，而采取的相关环境保护及环境修复的措施。该概念模型得到了国内外学者的广泛认可，并成为生态安全研究的主要理论框架。此概念模型一经提出，受到了学者们的广泛认可及应用，并对该模型进行了扩展研究。联合国可持续发展委员会（UNCSD）建立了"驱动力—状态—响应"（D-S-R）框架，增加了驱动力的维度，该框架结合《21 世纪议程》有关内容，构建了包含社会、经济、环境和机构四大系统的生态安全评价指标体系。

1993 年，欧洲环境署（EEA）进一步在 PSR 与 DSR 框架综合的基础上添加了两类指标：增加了产生生态安全系统压力的直接原因——驱动力因素以及系统的状态对于人类健康和环境的反作用——影响因素，建立了 DPSIR 概念框架。在 DPSIR 概念模型中，驱动力作为生态安全系统演化的根本起因，是引起环境变化的潜在原因。压力表征生态环境问题的直接原因，即人类的生存活动对生存环境产生的影响。状态代表承受人类活动的生态系统所处的状态。影响指人类活动前后生态系统状态的变化情况。响应代表为了恢复生态系统的初始状态，维持人类的正常生活而采取的措施，如图 1-2 所示。DPSIR 模型在环境系统中被广泛使用，作为衡量环境及可持续发展的有效模型框架，从系统分析的角度看待人和环境系统的作用。DPSIR 模型在生态安全研究领域得到了广泛应用，主要集中在生物多样性保护、生态健康性和脆弱性评价、生态安全系统可持续发展和生态安全管理等方面。

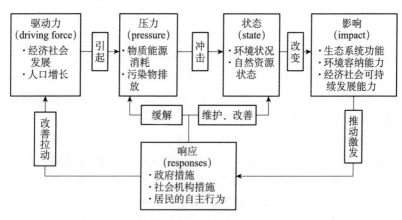

图 1-2　DPSIR 概念模型

资料来源：作者依据 DPSIR 模型的基本理论绘制而得。

（二）生态安全系统评价指标的研究综述

生态安全评价指标体系的构建是对生态安全系统的认知与解析的过程，界定了研究对象的内涵及外延，描述研究对象的基本特征，从而为后续评价研究奠定基础。本书采用"web of science"对"ecological security evaluation"进行主题检索获取247条文献记录，增加了"index system"的主题词，再次进行检索，获取文献41条，占16.6%。同时，采用中国学术期刊全文数据库（CNKI）检索"生态安全评价"进行关键词检索，获取文献1020条，增加了"指标体系"关键词，获取文献153条，占15%。可以看出，评价指标体系研究已经成为生态安全评价研究的一个重要分支，也作为该研究领域的主要研究范式。生态安全评价指标体系的研究，主要分为以下三种类型。

1. 归一性评价指标体系

归一性评价指标体系旨在抽象出众多具体评价指标的某个特性，将其归一整合，构建一个综合指数，实现对生态安全系统的评价比较。该类型评价指标体系往往包含较多的具体指标，仅提炼出与研究主题相关的数据信息，而并不涵盖这些指标的全部信息，可操作性较强，能够有针对性地提取观测对象的特性。同时，其具体指标往往较为通用、容易获取，从而保证指标体系的通用性。例如，世界经济论坛提出的环境可持续性指数（ESI）涉及环境系统、承载的压力、脆弱性、社会管理能力、国际合作五个维度，共计76项观测指标。世界自然保护联盟（IUCN）推出的福利指数（well-being index），包含人员福利和生态福利两部分，涉及人类健康、社会财富、平等指数、物质资源的利用程度等方面的具体指标，共计88项。国际重定义发展组提出的生态足迹指数（ecological footprint index，EFI），运用生态足迹的测量方法，将各种物质能源消耗折算成6种基本的生物生产面积，从而实现国家可持续发展能力的横向评价比较、纵向评价比较。

2. 专题性评价指标体系

专题性评价指标体系是涉及某一特定领域的生态安全问题，具有较强的指向性及综合性，能够为管理部门提供基础的信息支撑及策略指导。例如，荷兰环境部推出了一套环境政策的评价指标体系，侧重于环境规划策略实施状况的测度，用以评价荷兰经济发展与生态环境的关系，作为荷兰检测国家生态安全的有效工具。中国发展和改革委员会推出的《中国资源环境统计指标体系》，包含资源类、环境类、生态类及气候变化类四个维度，侧重于对节能减排措施的实施状况进行评估，有助于管理部门对各个地市、企业环保措施的落实状况进行实时监控。2006 年，国土资源部推出的《土地利用总体规划指标体系》，涉及耕地、建筑用地、宅基地、土地利用率等具体指标，评估并监测中国土地资源的安全状况。

3. 综合性评价指标体系

综合性评价指标体系是指，在一定的逻辑框架下，把生态安全评价指标体系分成多个维度、层次，对大量指标信息进行集成，进而反映评价对象的方方面面。综合性评价指标体系主要分为两种类型。

一是按照"经济—社会—自然环境"三个子系统进行体系维度划分。联合国可持续发展指标顾问组（CGSDI）构建的可持续发展指标体系从环境、社会、经济及研究四个维度，共计 46 个评价指标，并针对不同的应用国家设计了差异化的指标计算方法。国家统计局采用的是经济、社会、资源环境的维度划分方法，构建了中国可持续发展评价指标，共计 37 个具体指标。山东省、湖南省长沙市、上海市浦东等地也沿用或者拓展了"经济—社会—环境"三个维度的评价指标体系构建方法，推出自身的生态安全评价指标体系。

二是采用 PSR、DSR、DSPIR 等概念模型的理论框架构建评价指标体系。这种评价指标体系的构建方法作为生态安全研究系统性、综合性的典型代表，得到大多数研究者的认可及支持。1990年，经济合作与发展组织（OECD）构建了"压力—状态—响应"概念模型。在此基础上，推出的环境指标体系共包含三个维度、约

50 个评价指标，主要用于跟踪、监测环境变化的趋势。该概念模型得到了国内外学者的广泛认可，并成为生态安全评价指标体系构建研究的主要理论框架。英国可持续发展指标、中国可持续发展指标，均是以该概念模型为基础框架构建的。联合国可持续发展委员会（UNCSD）根据《21 世纪议程》的核心思想，构建出"驱动—响应—状态"（PSR）概念模型，并以此为基础从"经济、社会、环境、制度"四个维度提炼出 134 项具体指标，形成了可持续发展评价指标。1997 年，欧洲环境署（EEA）进一步在 PSR 框架与 DSR 框架综合的基础上添加了两类指标，建立了 DPSIR 概念框架，将指标体系分为五个维度，共计约 120 个具体指标。DPSIR 概念模型被认为是一种更加全面、更加详细的评价指标体系构建理论，被国内外研究者的广泛应用。

（三）生态安全系统评价方法的研究进展

根据文献研究来看，目前生态安全评价采用的方法大致包括综合指数评价方法、生态模型方法、景观格局分析方法、生态足迹评价方法等。

生态安全评价方法大致可分为三种研究思路：第一，以综合评价法为代表的研究范式，选取生态安全系统中典型的、代表性的评价指标，对评价指标的权重、相关性进行辨析，从而实现对评价指标状况的整合，表明生态安全系统的综合状况。第二，以生态学方法、模拟模型方法为代表的研究范式，采用生态学模型、仿真模型等研究方法对生态安全系统进行真实的、全面的描述再现，从而实现对生态安全系统的评价及预测。第三，以生态足迹评价方法、景观格局分析方法为代表，选取生态安全系统中表征的、核心的指标进行测度评价，采用一个关键性要素对生态安全系统进行评价、监测。

总结分析以上三种研究范式，生态安全评价研究大部分侧重于对系统要素的评价及综合。将系统要素放置在一个并列的维度下，测度各个维度的重要性或者影响力度，再将各个要素的状况进行加权综合，实现对生态安全系统的综合评价。这样的研究范式使生态安全系统评价仍停留在静态的、孤立的研究视角，导致系统要素间的人为割裂，忽略了对生态安全系统内部作用过程的辨识，难以实现系统化、综合化的分析评价。

（四）生态安全系统要素间关系评价的研究进展

目前，生态安全评价研究更趋向于系统性、综合性的研究范式。而文献往往通过采用优化指标权重赋值的方法，修正改进概念模型框架结构的研究方法，力图更加精准地辨识系统要素间的优劣，更真实地反映生态安全系统状况。然而，从本质上来看，这样的研究探索均属于同样的研究模式，通过梳理生态安全系统的框架结构，将该系统分裂为几个独立的系统要素或者几个并列的节点事件。之后，对每个要素、事件进行独立评测及加权综合，从而完成对整个生态安全系统的认知评价。事实上，生态安全系统是一个动态的、复杂的复合系统。其系统要素间呈现出持续的、大量的物质、能量的传递、转化，架构起完整的、动态的运行过程。在生态安全系统的不同发展阶段，各个系统要素往往呈现出不同的表现形态。前一个运行阶段的系统要素，会引起、转变为后续阶段的系统要素。因此，生态安全系统评价研究仅仅将各个系统要素并列在一起，进行简单的加权综合，往往会造成生态安全系统要素影响能力的重复叠加，导致评价结果的偏差。

因此，如何辨析评测系统要素间的作用关系，摒弃以往将系统要素视为并列的、独立的研究观点，并在此基础上对系统要素进行有机整合，才能突破目前的研究模式，实现真正意义上的生态安全系统性研究。近年来，国内外学者们也对生态安全系统要素间的作用关系进行了初步探索，构建了各种生态安全系统的概念模型（如，PSR、DSR、DPSIR 等）对生态安全系统进行解析，从定性的研究视角对系统要素间的作用关系进行界定、梳理。这样的研究范式作为生态安全系统要素间关系研究的萌芽，开拓了生态安全系统要素间关系研究的基本思路。然而，这也造成了当前生态安全系统的框架结构呈现出无差异性，难以探究不同生态安全系统的独特性。从总体来看，生态安全系统要素间作用关系的研究缺陷，主要表现为以下两部分。

一是停留于定性研究的阶段。当前生态安全系统要素间的作用关系研究，并没有引起广泛重视。大部分研究者将要素间的作用关系作为构建评价指标体系的理论支撑，指导生态安全系统影响要素的收集、归纳。然而，要素间的关系是构建生态安全系统的重要组件，决定系统要素间的组合方式，对生态安全系统的存续发展、功能实现起到根本性的影响作用。因此，对要素间作用关系的定量研究，是认知、评价生态安全系统的重要问题。

二是局限于共性的、单一的要素关系框架。目前，大部分文献沿用了经典的概念模型对要素间作用关系进行简单定义，并没有深入研判这些理论性的关系界定能否适合研究对象的状况。实际上，面向不同的生态安全系统时，系统要素间的作用关系应呈现出差异性，难以完全体现概念模型提出的理论假设。其要素间的作用关系不一定能够呈现出显著的影响，并且各个作用关系应呈现出不同的影响力度。换句话说，不同生态安全系统的结构应呈现出差异性，其系统要素间的作用关系应呈现出不同的结构形态。因此，当前生态安全研究亟待对生态安全系统要素间的作用关系进行梳理，识别具有特色性、针对性的系统结构，从而明晰生态安全系统要素间的组合方式，为生态安全系统的评价研究提供了科学的研究框架。

基于上述考虑，研究者开始逐步对系统要素间的关系进行数量化的研究，产生了部分研究成果。德容格等（De Jonge et al.，2012）、张智光等（2013）提出，以 DPSIR 概念模型作为生态安全系统的基础结构模型，将系统要素间的作用关系界定为因果关系网络，并提出采用结构方程模型对该系统内部因果关系进行测度，实现对生态安全系统进行结构化、定量化的研究设想。肖新成等（2013）为探明三峡库区重庆段农业面源污染与流域水资源安全演进变化的过程与内在结构，以 DPSIR 概念模型架构生态安全系统，并运用结构方程模型对五个要素间的作用关系进行了测度分析。2014 年，笔者也以 DPSIR 概念模型为基本框架，运用结构方程模型测度中国沿海城市生态安全系统要素间的作用关系，探讨其系统内部的运行机制。

综上所述，生态安全系统要素间关系评价研究仍然比较少，没有引起国内外学者的普遍重视，其相关研究成果仍然主要集中于定性研究，尚未形成科学的、普遍认可的研究方法，难以有效地应用到生态安全系统评价研究。因此，如何将生态安全系统的组织结构分析从定性的、主观的研究方法转变为定量的、科学的研究方法，从数量化、科学性的研究视角架构生态安全系统的结构，并采用要素间的数量化关系对生态安全系统评价研究进行指导、约束，成为拓展生态安全的研究视野，提升研究结论科学性的关键所在。

（五）旅游生态安全评价的研究进展

旅游生态安全评价承继了大尺度的、常规的生态安全系统评价研究的评价模型、评价方法及评价指标体系，作为生态安全评价的理论、研究成果的应用领域。采用科学引文索引"web of science"数据库对 ecological security evaluation 和 tourism 进行主题检索，共获取五条文献记录。采用中国学术期刊全文数据库（CNKI）对旅游和生态安全评价进行主题检索，获取文献 68 条。可以看出，旅游生态安全评价研究正处于起步阶段，其研究成果相对较少。目前，该研究领域主要集中在以下两个方面。

一是旅游生态承载力的评价研究。学者引入生态学的研究方法，对旅游目的地的自然环境容量、经济容量、社会容量、心理容量等方面进行测度，确定旅游地生态安全承载力的阈值，从而对旅游地生态安全状况进行评价。同时，学者们也倾向于采用生态足迹的评价方法，对不同尺度的旅游目的地的旅游活动生态需求、环境影响进行测度，对当地的旅游活动、旅游产业的可持续发展能力进行评价研究。

二是旅游生态安全的综合评价研究。研究者将旅游生态安全界定为与其周边环境和谐共荣、兼容平衡的旅游产业发展模式。良好的旅游产业发展模式与旅游目的地的综合状态是密不可分的。旅游产业的有序发展带动了旅游目的地经济社会系统的可持续发展，旅游目的地的存续发展状况作为旅游产业发展的空间及支撑。在此基础上，学者们构建了复合评价指标体系，从经济、社会、自然环境、旅游产业的状况以及旅游产业与目的地间的交互作用等方面设置了评价指标，综合测度旅游生态安全状态。怀特等（White et al.，2007）将旅游生态安全评价指标体系分为生态环境状况、物质资源状况、社会承载力、可接受的改变极限、旅游者消费感知及旅游资源保护措施六个维度，并通过德尔菲法与层次分析法设置了综合指标权重。还有学者沿用传统的生态安全概念模型的框架，构建旅游地生态安全评价体系（孙菲菲，2013；王文瑞，2014）。

综上所述，旅游生态安全评价研究刚起步，倾向于沿用大尺度、常规的生态安全评价的研究成果，其评价方法、评价指标均较为单一，尚没有普遍认可的、独特性的研究范式。随着旅游产业的持续、高速发展，旅游生态安全问题逐渐凸显，该研究领域将得到更多关注，其理论体系及研究方法亟待加强、延伸。在后续研究中，研究者应强化旅游产业特色，构建独特的、有针对性的评价方法及指标体系，丰富评价研究的测度方法，提升旅游生态安全研究的适用性及科学性，推进生态安全研究的多元化、深层次发展。

五、现有研究的不足

本章先回顾了在生态安全、城市生态安全、旅游生态安全、旅游城市生态安全、生态安全评价研究等方面的相关文献。通过对现有文献的分析可知，生态安全的相关研究领域已初见规模，初步形成了基础理论的体系。然而，当前研究主要集中在国家层面和区域层面上，对城市层面的生态安全研究尚显薄弱。旅游城市生态安全研究更为匮乏，尚未形成清晰的研究体系。本书的主题——旅游城市生态安全系统评价研究是作为生态安全研究领域的前沿问题，研究刚刚起步，仍处于基础理论探索及研究框架构建的阶段。目前的相关研究领域，主要呈现出以下几点不足。

（一）旅游城市生态安全评价指标缺乏针对性

目前，旅游城市生态安全评价指标大多沿袭了大中尺度生态安全指标体系框架，侧重于旅游景观环境、生态资源、能源消耗等方面的评价，缺失旅游城市社会、人文状态的描述，尚未能辨识旅游城市生态系统的独特因素。因此，如何提炼普遍认可的、经典的生态安全体系评价指标，并描绘旅游产业特色，增设特色性的评价指标，从而构建具有针对性的旅游城市生态安全评价指标体系，是提升旅游城市生态安全研究适用性及科学性的关键问题。

（二）生态安全评价方法较为单一

现有研究方法多以传统多元统计法为主，将生态安全系统分解为几个独立的系统要素或者几个并列的事件节点，对每个要素、事件进行独立评测及加权综合，从而实现对整个系统的认知评价。然而，在系统的不同运作阶段，系统要素往往呈现出不同的表现形态。前一个运行阶段的系统要素会引起、转变为后续阶段的系统要素。因此，生态安全系统评价研究仅仅将各个系统要素并列在一起进行简单加权综合，往往会造成生态安全系统要素影响能力的重复叠加，导致评价结果的偏差。综合来看，该研究范式仅停留在对生态安全系统表象的辨析，忽略了对生态安全系统内部要素的综合关联、作用过程的辨识，造成了系统要素间的人为割裂。使生态安全系统评价研究仍停留在静态的、孤立的研究视角，难以对生态安全进行系统化、综合化的分析评价。

（三）生态安全系统要素间关系的研究比较匮乏

现有文献大多是采用主观定义或者沿用概念模型的方法对生态安全系统进行描述、界定，导致当前生态安全系统要素间的作用关系界定呈现无差异性，难以探究不同生态安全系统的独特性。实际上，面向不同生态安全系统时，生态安全系统要素间显示出不同的影响关系及作用力度，从而表征不同生态安全系统的运行状况。因此，当前生态安全研究亟待对生态安全系统要素间的作用关系进行梳理，搭建具有特色性、针对性的生态安全系统框架，从而为生态安全系统评价研究提供有针对性、科学性的理论平台。

第三节　研究思路与技术路线

一、主要研究思路

基于系统科学的基本理论，本书将旅游城市生态安全系统解析为系统要素、要素间作用关系两个重要部分，将旅游城市生态安全系统描述为由系统要素按照相应的要素间关系进行关联、整合而成的综合系统。鉴于系统要素间作用关系研究的重要性，本书对旅游城市生态安全系统要素间的关系进行验证及测度，采用要素间的数量化关系对系统要素进行架构整合，构建旅游城市生态安全系统综合评价模型，实现对旅游城市生态安全系统综合、系统的描述，提升其系统评价研究的科学性、契合性。本书主要的研究思路，如图1-3所示。

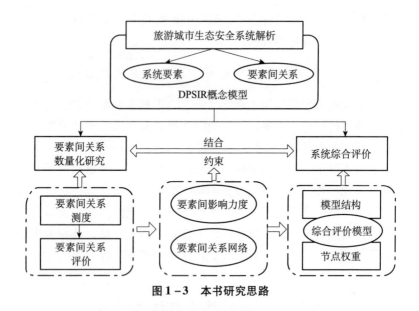

图1-3 本书研究思路

（一）旅游城市生态安全系统解析

本书将旅游城市生态安全系统定义为由具有不同功能的系统要素按照作用关系组合而成的综合系统。因此，旅游城市生态安全系统的解析，应从系统要素的界定、系统要素间关系的梳理两个方面开展研究。本书以 DPSIR 概念模型作为基础理论框架，并依据旅游城市生态安全系统的运行过程，界定旅游城市生态安全系统的驱动力、压力、状态、影响及响应五个系统要素的内涵，并提炼七组要素间的作用关系，实现旅游生态安全系统的分解，为后续系统综合评价奠定了基础。

（二）旅游城市生态安全系统要素间关系的数量化研究

由于系统要素间的作用关系是作为旅游城市生态安全系统的组成部分，描述了系统要素间的组合方式，影响系统要素间的结构框架，决定生态安全系统的综合状况及功能实现能力，因此，旅游城市生态安全系统评价研究应重视系统要素间关系的影响作用，对系统要素间的作用关系进行测度、评价，辨析旅游城市生态安全系统内部的运行状态。本书以 DPSIR 概念模型为理论基础，引入结构方程模型对七组系统要素间的作用关系进行验证与测度，实现生态安全系统要素间关系的数量化，并采用生态网络的研究方法对旅游城市生态安全系统要素间的关系进行综合评价，测度旅游城市生态安全系统要素间关系的综合状况及系统的功能实现能力。

（三）旅游城市生态安全系统综合评价

由于 DPSIR 概念模型将旅游城市生态安全系统结构描述为一个复合的网络体系，要素间的关系呈现出层层递进的关系。每一条作用路径表征了旅游城市生态安全系统运行过程中的子过程，反映了要素间物质、能量的流动、转化状况。鉴于此，本书引入了网络 DEA 模型，将各个要素间的作用关系作为生态安全系统运行过程的子过程，建立各个子过程间的影响作用，进而以系统的、综合的研究角度对旅游城市生态安全系统进行综合评价。同时，本书将旅游城市生态安全系统要素间数量化关系的研究成果引入网络 DEA 模型，依据验证过的旅游城市 DPSIR 模型框架构建起该模型的结构，用每个网络节点所包含作用关系的重要程度作为节点权重，从而实现了要素间作用关系研究与旅游城市生态安全系统评价的紧密结合，提升了生态安全系统评价的科学性，拓展了生态安全系统评价的研究视野。

二、技术路线

本书技术路线，如图 1 - 4 所示，共分为五个阶段。研究阶段之间存在锁链式递进关系。

旅游城市生态安全系统评价研究

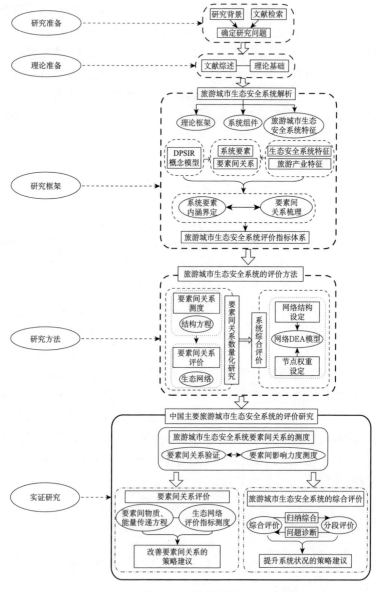

图1-4 技术路线

第二章
旅游城市生态安全系统的理论基础

在第一章文献综述的基础上，本章剖析了旅游城市生态安全系统评价研究的理论基础，界定了研究涉及的核心概念，介绍了生态安全系统评价的基本理论，为后续研究提供了理论依据和应用支撑，并为评价模型的建立及实证研究提供了科学依据。

第一节　旅游城市生态安全系统的基本概念

一、生态安全的概念

根据上述相关研究文献分析，生态安全研究呈现出显著的复杂性，尚未形成统一的生态安全概念。针对不同的研究视角及研究背景，研究者从不同角度界定了生态安全，造成生态安全基础理论的泛化、模糊化。鉴于此，本节梳理了研究文献对生态安全概念的界定，总结生态安全研究的理论内涵及研究外延，如表2－1所示。

表 2 - 1   生态安全概念分类汇总

分类	主题思想	概念阐述	相关文献
1	以人本主义为主旨,探讨环境安全与人类可持续发展的关联作用	生态安全是以人为本的战略性概念,指在国家层面、区域层面的生态资源状况能够支撑人类社会的经济社会发展需求,既要防止生态环境的退化对可持续发展能力的削弱,又要防止重大环境问题的发生	瑞伯特·D.(Rapport D.,1992);科斯坦萨·R.(Costanza R.,2011);奥姆·I.(Oman I.,2002);陈国阶(2002);曲格平(2002);赵晓红(2004);张金萍(2005)
2	以生态系统健康性为主题,测度生态系统服务功能状况	生态安全是自然生态系统、半自然生态系统的安全状况,即两个生态系统的完整性及健康性,表征了生态系统结构性、功能性及其对人类经济社会行为的支撑能力	罗杰斯·K.(Rogers K.,2010);马克明等(2004);罗小娟等(2011)
3	以生态系统脆弱性为主题,测度生态安全系统的健康状况及演化趋势	生态安全概念从生态安全风险性及生态安全健康性两个方面定义,反映了人类社会能够持续发展,自然生态系统能够保持健康、稳定,并支撑了生态安全系统的发展演化	约翰·B.(Jon B.,2003);威廉·C.(Wiiliam C.,2000);王根绪(2003);崔胜辉(2005)
4	对生态安全系统进行剖析,辨析系统的主要影响因素,梳理系统的结构状况	生态安全研究是对生态安全系统的作用机理、演化机理的识别。以动态性、系统性的研究视角,对生态安全系统进行解析,识别系统影响因素,梳理系统内作用机理	乔纳森·P. A.(Jonathan P. A.,2011);贝尼尼·L.(Benini L.,2010);郭秀锐(2005)

资料来源:作者根据生态安全概念的相关文献总结而得。

可以看出,根据不同的研究视角及研究目的,生态安全概念呈现出不同的倾向性、针对性。但是,生态安全概念也形成了一些共性的理论认知。

(1)生态安全是人类经济、社会可持续发展的基础因素。对一个国家或者区域而言,与政治安全、经济安全及军事安全同样,是重要的战略性问题,是国家、民族存续、发展的基石。

（2）自然生态系统健康性是生态安全的基础。良好的生态安全系统是指，在一定时间跨度内，能够维持生态系统的健康性及完整性，具有有效的恢复力及抗干扰能力。

（3）生态安全具有时间滞后性、稳定性的特点。生态系统受到冲击与破坏，其严重的后果不会立即显现。经过长时间的积淀，其后果才会逐渐体现出来。同时，人类对生态系统的修复作用，也需要花费漫长的时间才能呈现出效果。总之，生态安全系统是各种潜在影响"累积性的后果"，表征出显著的"时空滞后性"（刘洋等，2010）。生态安全的状态呈现出"时间动态上的稳定性及可持续性"（顾晓薇等，2007）。

（4）生态安全具有区域性、针对性的特点。生态安全的区域性及针对性是指，生态安全研究不能纸上谈兵，应针对不同地域、不同研究对象提炼出不同的研究重点，提出各具特色的策略措施。

（5）生态安全具有整体性、系统性的特点。生态安全系统包含经济系统、社会系统及自然生态系统。各个子系统之间存在密切的关联作用、交互作用，构成了综合性的生态安全系统。任何一个系统受到破坏，会影响整个生态安全系统的运转，最终引发整个系统的灾难。

结合"生态安全系统评价"的研究主题，本书侧重于对生态安全本质的探讨，通过解析生态安全系统，判别系统的主要影响因素，梳理系统内部的作用过程及演化趋势，对整个生态安全系统进行认知、评价。因此，本书采用国际应用系统分析研究所提出的生态安全概念，生态安全是指，在人的生活、健康、安乐、基本权利、生活保障来源、必要资源、社会秩序和人类适应环境变化的能力等方面不受威胁的状态，包括自然生态安全、经济生态安全和社会生态安全。根据生态安全概念的界定，本书提出了生态安全的系统边界，生态安全系统包含自然生态系统、经济系统及社会系统，各个子系统并不是相互独立的，彼此相互影响、相互作用，进而形成整个系统的自然生态功能及社会服务功能，支撑人类社会的存续及发展。

二、旅游城市的概念

（一）旅游城市的概念界定

近年来，随着中国人民生活水平的提升，旅游需求迅速增长。在此背景下，中国几乎所有的城市都在发展旅游产业，也承担着相应的旅游职能。然而，一个城市是否能够称为旅游城市，取决于该城市旅游职能的规模强度、辐射能力及品质，受到外在有形的旅游资源特征、旅游服务基础设施状况，以及内在无形的精神文化特征、旅游服务质量等方面的综合影响。国内外的研究者针对各自的研究对象、研究目的，对旅游城市进行了差异化的界定。马林斯（Mullins，2015）指出，与传统的工业型城市不同，旅游城市不再以产业发展、商业流通及生活居住为主要功能，应该以支撑、提供旅游消费作为城市的基本职能。邓卫（1997）、金波等（1999）认为，旅游城市是指，具有良好的旅游资源基础，形成发达的旅游产业链条，并在一定区域范围内有相当影响力的城市类型。保继刚等（2008）从资源分配及旅游投资方面，提出旅游城市的经济要素、资源要素应持续不断地向旅游产业部门集聚，而旅游产出也在城市经济体系中占据较大比重。

综合来看，目前学者们对旅游城市研究涉及不同的要素、不同特征。本书综合旅游城市的研究文献，将旅游城市的概念界定为地理位置较优越、经济发展水平较高、旅游资源较丰富、旅游基础设施完善、城市环境优美、旅游产业发达且在城市产业结构中占重要地位的城市。从旅游供给角度来看，旅游城市具有集聚度较高的旅游要素，培育了较好的旅游基础设施及旅游服务设施，保证旅游城市具有充足的旅游接待能力，支持旅游产业活动的顺利进行。从旅游需求的角度来看，旅游城市具有较高的区域中心度及知名度，旅游人数及旅游收入均在其所在区域中占据较高的份额，具有较高的市场竞争力。

（二）研究对象的选取

旅游城市的界定是一个系统的、综合的研究课题，应考虑到旅游产业状况及旅游产业与城市系统的多种关联因素进行综合评价。1995年，国家旅游局开展了评选"优秀旅游城市"的活动，在全国范围内颁布实施《中国优秀旅游城市检查标准》，对优秀旅游城市应该具备的素质作了具体的量化，对旅游城市的景点开发、住宿餐饮、旅游服务及旅游教育等基础功能状况提出了明确标准。1999年，国家旅游局修订了《中国优秀旅游城市检查标准》，强化了对旅游产品开发、旅游市场营销的权重倾向，增加了旅游产业投资的评价条目。之后，中国分别于2003年、2007年对该标准进行修订，对各个评价条目进行细化，增强该标准的可操作性及前沿性。值得注意的是，2007年修订的检查标准提高了对城市生态环境的评价标准，推进了绿色旅游城市、生态旅游城市的发展理念。旅游城市生态安全状况正式成为衡量旅游城市状况的基本条件。截至2012年9月，中国已有370个城市被评选为"优秀旅游城市"，占中国城市总数的56.5%。① 从总体来看，超过半数的城市均属于"旅游城市"的范畴。其旅游产业对城市发展的贡献作用显著，并培育出良好的旅游职能。旅游城市已经广泛化、常规化，发展成一种基础的城市类型，旅游成为中国城市必须承担的、努力完善的功能角色。

由于中国旅游城市数量众多、覆盖范围广泛，难以全部纳入本书的研究范畴。因此，本书需要对旅游城市的范畴进行界定，对旅游城市进行细化分类，从而确定合理、科学的研究对象。目前，旅

---

① 王京传，李天元. 旅游目的地品牌标记评价研究——以中国优秀旅游城市为例. 旅游学刊，2012，27（2）：43－51.

游城市分类的方式比较多：按照旅游资源的类型，将其划分为海滨旅游城市、山岳旅游城市、历史文化旅游城市等类型；按照国内国外的相关标准，将其划分为优秀旅游城市、最佳旅游城市、绿色旅游城市、最佳观光旅游城市等类型；按照旅游市场的辐射范围，将其划分为国际旅游城市、全国旅游城市、区域旅游城市等类型。

结合本书的研究主题，提出了"主要旅游城市"的概念范畴：是指在一定区域范围内（中国一般以省域作为单位旅游区域），该类型旅游城市具有自然条件、经济发展水平和地理位置等优越性，作为旅游产业的旅游交通中心、旅游接待中心、旅游中转中心，培育了优越的旅游集聚能力、旅游经济发展水平、旅游危机应对能力，塑造了较强的旅游服务职能，为整个旅游产业提供交通支撑、信息支撑及服务支撑等。同时，这些旅游城市也是旅游资源较为集中的区域，吸引了较大比例的旅游者，成为主要的旅游目的地。从总体来看，主要旅游城市的旅游产业发展程度明显高于其他旅游城市，主要表现在旅游收入、旅游人数两个统计指标的数值相对较高。

由于主要旅游城市作为主要的旅游目的地，提供了基础的、核心的旅游服务职能，对其自然环境的影响作用非常显著。因此，其生态安全系统承载着远远超过其他旅游城市的冲击、干扰，其生态安全系统状况代表了在一定区域范围内生态安全系统的典型状况，表示其生态安全系统的演化方向。鉴于此，本书以各省域划分作为区域旅游产业的基本单位，依据 2009～2012 年的旅游人数、旅游收入两个指标，综合表明该旅游城市的产业发展状况，比较各个旅游城市的旅游产业竞争能力及重要程度，进而选取各个区域旅游收入最高、旅游人数最多的旅游城市作为本书的研究对象。本书共选取 30 个旅游城市作为研究样本，包含北京、上海、天津、福州、广州、海口、杭州、南京、青岛、大连、石家庄、长春、长沙、哈尔滨、合肥、呼和浩特、南昌、南宁、太原、武汉、郑州、贵阳、昆明、兰州、乌鲁木齐、西安、西宁、银川、重庆、成都。

三、旅游城市生态安全的概念

城市生态安全系统是一个区域性的概念，是以人类社会进步为目的建立的一个集人口、经济、科学文化的空间地域系统，由社会、经济和自然三个子系统复合而成，由城市居民与其周围生态环境相互作用而形成的综合体系。旅游城市作为一种独特的城市类型，既承担着城市基本的经济社会发展职能，也肩负着支撑旅游产业发展、供给旅游服务的职能。

旅游城市生态安全从城市和旅游目的地两个角度，对城市生态安全进行重新界定，是指旅游城市的生态环境能够满足旅游城市生态安全的可持续发展要求，支撑生命系统的循环演化，保证当地居民的生产生活和社会经济不受损害，并为旅游者提供更好的旅游体验，促使旅游城市的自然、经济和社会系统统一协调发展。良好的旅游城市生态安全状况反映了旅游城市内经济系统、社会系统及自然环境系统处于和谐发展、循环有序的稳定状态，能够抑制不合理的经济建设、不合理的旅游产业开发引起的生态灾害，具有充分的环境污染治理能力，有效地缓解经济社会活动对生态环境的冲击、压力，从而维护旅游城市生态系统的动态平衡，增强旅游城市的可持续发展能力。

四、旅游城市生态安全系统的概念

(一) 旅游城市生态安全系统的概念解析

旅游城市生态安全系统是由旅游城市内的经济子系统、社会子系统及自然生态子系统组成的复合系统，既包含城市生态安全系统的基本要素，也要凸显旅游产业的特色，强调城市的旅游职能。同时，旅游城市生态安全系统的三个子系统之间呈现出密切的关联作用、依赖作用及交互作用，构成了一个系统性、综合性的生态安全系统。因此，本书从静态、动态两个视角对旅游城市生态安全系统进行界定，如图 2 - 1 所示。

首先，从静态研究视角对旅游城市生态安全系统进行界定。马世骏（1983）指出，当今人类赖以生存的社会、经济、自然是一个复合大系统的整体，这个复合生态系统可以分为社会子系统、经济子系统和自然子系统三个子系统。并且，三个子系统有各自的结构、功能、存在条件和发展规律，它们各自的存在和发展又受其他系统结构与功能的制约。鉴于此，本书也将旅游城市生态安全系统分解为经济子系统、社会子系统及生态环境子系统三个维度。并且，三个子系统彼此之间互为支撑、互为约束。社会子系统是经济子系统的上层建筑；经济子系统是社会子系统的基础，又是社会子系统联系自然子系统的中介；自然子系统则是整个社会子系统和经济子系统的基础，是整个复合生态系统的基础。本书进一步界定了旅游城市生态安全系统的三个子系统的内涵，明晰了旅游城市生态安全系统的研究范畴，经济子系统旨在依赖于本城市的自然社会环境，按照旅游产业的运行规律进行优化组合，从而获取最佳经济效益，主要包含旅游资源开发、旅游市场开拓及旅游者消费行为等方面。社会子系统表明了旅游城市居民、旅游企业、旅游管理部门等利益相关者的基本状况，主要涉及当地居民的生产生活方式、社区人文景观、旅游产业发展战略及行业管理措施等方面。自然子系统主要包含生态系统中的核心因素，动植物等生物群体、地质、地貌、气候、水体、土壤等非生物自然环境，按照生态学的基本规律进行物质、能量的交互作用。

其次，从动态的研究视角对旅游城市生态安全系统进行界定。生态安全的系统属性决定了生态安全的研究既要包含社会、经济、环境各个维度，又要体现系统要素间的关联性，能够反映系统内物质、能量传递及转化的过程。综合来看，生态安全系统要素间的作用关系搭建了生态安全系统物质、能量流转、交互的桥梁，描述了系统内部动态的、持续的运行过程。鉴于此，本书从动态研究视角对旅游城市生态安全系统进行界定，旅游城市生态安全系统是由旅游城市内的经济子系统、社会子系统及自然生态子系统组成的复合系统，并且，各个系统要素相互关联，构成综合的运行过程。

（二）城市生态安全系统与旅游城市生态安全系统的区别与联系

城市是一个经济实体、社会实体、科学文化实体和自然环境实体的综合系统，是一定空间内组织生产力实现社会分工和协作，推动社会生产力发展的空间存在形式。其生态安全系统以人群（居民）为核心，包括其他生物、周围自然环境及人工环境。该系统是在人类生产和经济活动影响下形成的，通过人类拥有的社会资源对自然资源利用、加工构成的生态系统，由各组成部分共同构成一个系统整体，实现系统内部的转化、循环和协调发展功能。城市生态系统的组成要素，包括自然子系统（动植物、地质、水体等自然资源）、经济子系统（城市经济发展、各种产业行为等）、社会子系统（社会发展、居民生活行为等）三大部类。并且，三个子系统间相互影响、相互作用，共同构成城市生态安全系统的特定结构和功能。旅游城市是旅游资源较丰富、旅游基础设施完善、城市环境优美、旅游产业发达且在城市产业结构中占有重要地位的特殊城市类型。因此，旅游城市生态安全系统除了具有一般城市生态系统的内涵以及特点外，由于有旅游者参与，并以城市旅游活动为目的，使得旅游城市生态安全系统既依赖于常规的城市安全系统，也呈现出显著的不同。

首先，旅游城市生态安全系统是以常规城市生态安全系统为基础的。由于旅游产业是一个不完全、不独立的产业体系，必须以常规的城市经济社会系统为基础，获取支撑该产业所需的物质、能量、资金、人力等方面的资源。城市旅游产业以城市内的自然资源、人文社会资源组成了旅游吸引物，并以城市基础设施支撑着旅游者的游览过程。同时，旅游者的涌入、旅游资源的开发抢占了城市居民的生产生活空间，加重了自然资源的负担，从而干扰了常规城市生态安全系统的发展路径。从总体来看，常规城市生态安全系统与旅游城市生态安全系统有较大的重叠，成为旅游产业的基础支撑，也容纳了旅游产业发展带来的负面作用。

其次，旅游城市生态安全系统是以旅游产业发展为目标导向，以旅游客流异地高流动性为重要特点，区别于常规城市生态安全系统。与常规城市生态安全系统相比，旅游城市生态安全系统仍具有一些特色要素，形成独特的运行机制。

第一，旅游产业作为城市的核心支柱，推动着经济社会的繁荣发展，显著影响城市内生态环境的状况，进而成为旅游城市生态安全系统演化的核心驱动力之一。

第二，旅游客流作为旅游城市生态安全系统的基本作用路径，体现了城市的旅游职能，是旅游城市生态安全系统与普通城市生态安全系统的重要区别所在。旅游者涌入会消耗大量物质资源，产生各种废弃物，严重增加城市的负担，并干扰城市居民生活，争夺城市基础设施及公共资源，干扰生态安全系统中其他作用关系的实现，成为影响自然环境的主要原因。

第三，旅游城市作为一个整体的旅游区域，其旅游资源的范围往往超出了以往旅游景区的研究范围。城市域内的自然资源均作为当地的旅游资源，构成了城市旅游的核心产品。因此，自然生态系统的状况对旅游城市生态安全系统的支撑作用更加显著，直接关系到旅游产业的存续及发展。

第四，旅游城市管理部门对旅游产业的重视程度、管理能力能够提升旅游产业竞争力，改善载体城市的生态安全系统状况。管理者需要改善旅游服务设施，培育旅游管理人才，保护旅游资源，协同旅游产业与城市经济社会的关系，从而促使旅游产业与载体城市更加融合，保障整个系统的和谐发展。

综上所述，旅游城市生态安全系统是以常规城市生态安全系统为基础，支撑其产业的存续及发展，并以旅游产业发展、旅游者活动为核心，形成了显著的系统特色，区别于常规的城市生态安全系统。本书以图2-1描绘了旅游城市生态安全系统的要素构成及内部结构，以旅游人口、旅游企业、旅游资源、管理部门为内部圈层，以城市的自然子系统、社会子系统、经济子系统为外部圈层。在内外部圈层间，旅游客流、物流、能流、资金流和信息流等功能流描绘出旅游产业与所在城市的物质、能量的交互路径，并将整个系统管理起来，构成一个完整的结构体系。

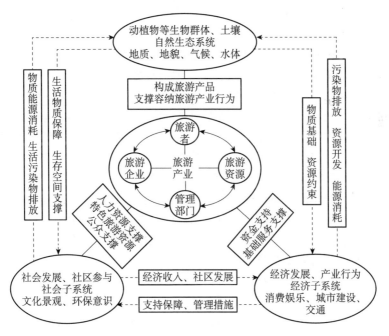

图2-1　旅游城市生态安全系统的界定

资料来源：作者依据本书中旅游城市生态安全系统的概念界定绘制而得。

第二节　旅游城市生态安全系统评价的基本理论

一、系统评价的基本理论

系统是指，由密切关联、相互影响的要素按照一定的组织结构、功能框架构成的有机整体。其中，系统要素作为整体系统的子系统，子系统又按照同样规律构成了次子系统，进而形成了"子系统"到"系统"之间的层层递进关系。要素间的关系是系统存在的内在依据，构成系统全部特性的基础，表示系统要素间的物质、能量交换，将系统要素整合起来，塑造一个更为复杂的、高级的系统。系统科学是以"系统"为研究对象，辨析系统属性、内外部关系，预测系统的运行规律及演化趋势，探讨相关理论及方法的综合学科群。系统科学涉及自然科学、社会科学领域，包含了协同学、耗散结构论、系统论、突变论、运筹学、信息论、控制论、计算机科学、系统动力学、传播学等学科。同时，系统科学不仅是对客观世界规律进行研究的科学领域，也为学术研究提供了基本的研究理念及理论框架。基于系统科学的基本思想，研究中应将研究对象作为一个整体系统，考虑其整体性、内部关联性、组织结构等问题，分析研究对象的平衡状况、演化规律，进而调整系统内部环境、外部环境，促进系统的优化升级。从总体来看，系统科学的基本理论及基本观点表明了学术研究整体性、动态性的趋势，为现代科学提供了基础的研究理念及方法论。

系统评价着眼于对复杂事物的认知，是一个过程性的概念，是由"问题提出"作为起始，采用系统性思想对评价对象进行分析、考察，以目标衡量评价对象的系统属性，并将其系统属性转化为主体价值的过程。系统呈现出多属性的特征，因此系统评价的方法就是属于多属性评价的方法，将系统要素的状况、属性进行评价、综合，进而实现对事物整体的综合认知。

系统评价研究的科学性主要由以下三个方面决定：第一，评价过程中必须对事物进行真实的、准确的描述；第二，需对事物进行科学性、和谐性的解析，从而保证评价研究的逻辑性；第三，梳理合理的、明确的评价目的，引导整个评价过程，以实现评价研究的最终目标。因此，由评价目标的确立到评价逻辑的建立，直到达成评价的最终目标，是一个系统的研究过程，可以归纳成八个工作步骤：确立评价目的、辨析事物构成要素、梳理事物要素的基本架构、构建评价指标体系、确立评价准则、选择评价方法、验证评价结果、提炼评价结果的指导意义，如图2-2所示。

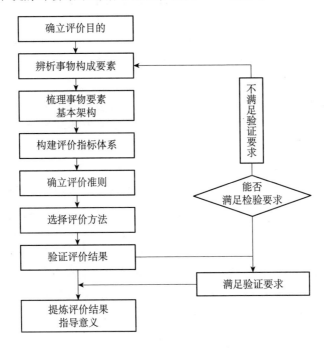

图2-2　系统评价的研究步骤

资料来源：Urban J. B.，Osgood N. D and Mabry P. L. Developmental Systems Science：Exploring the Application of Systems Science Methods to Developmental Science Questions ［J］. Research in Human Development，2011，8（1）：11~25.

二、旅游可持续发展理论

1980 年，联合国人类住区规划署、世界自然保护组织及野生动物基金会共同发布了《世界自然保护大纲》，首次提出了可持续发展理念。1987 年，世界环境与发展委员会发布了《我们共同的未来》，将可持续发展概念进行明确的定义："能满足当代人的需要，又不对后代人满足其需要的能力构成危害的发展模式"。1992 年，联合国环境与发展大会之后，推出了《里约环境与发展宣言》，促使可持续发展作为一种关键发展理念，受到全世界研究者及政府部门的普遍认可。2003 年，《中国 21 世纪人口、环境与发展白皮书》首次将可持续发展战略纳入中国经济和社会发展的长远规划。根据中外文相关文献来看，可持续发展战略是在对传统发展模式的挑战中产生的，反思了依靠资源——特别是不可再生资源的高消耗的经济发展模式，应对传统的经济发展模式对人类的生存和发展带来的冲击威胁。因此，可持续发展模式与传统发展模式存在本质的差别，要求人类承担对未来发展的义务，促使人类对目前的生产生活方式进行深刻反思，构建一个"目前发展与未来发展"密不可分的发展体系，其主要包含两个重要方面：一是需要理念，将满足人类的基本需要放在优先地位；二是限制理念，以当前的技术水平及管理能力为手段对生态环境满足当前及未来需要的能力加以限制。同时，可持续发展理念拓展了生态文明、环境保护等理念，涵盖了经济、社会、环境、自然、科技、教育等多元化的内容。在一般的研究中，将可持续发展系统总结为经济系统、社会系统及环境系统三个子系统，并界定了三个子系统之间的系统关系。

基于上述可持续发展的基本理论，旅游研究领域逐渐开拓了旅游可持续发展的相关研究。旅游可持续发展理念是对传统的、粗放型发展模式的反思，将旅游产业发展限制在旅游目的地生态资源及社会文化承载力的范围内，充分考量旅游产业发展对生态环境的影响，重视旅游产业与当地经济社会发展的关联作用，为旅游者提供良好的消费感知，实现旅游产业与旅游目的地自然系统、社会系统及经济系统的和谐共存。旅游可持续发展的目的在于，为旅游者提供高质量的感受和体验，提高旅游目的地居民的生活质量，并切实维护旅游者和旅游地人民共同依赖的环境质量。旅游可持续发展，为旅游发展和环境保护提供了强有力的理论依据，纠正了人们的"旅游业是无烟工业"的错误认知，将盲目地采取不符合环境道德准则的粗放型开发模式和旅游业的发展简单化为数量型增长或外延式扩大再生产的错误行为转变为集约型技术模式，切实实现旅游资源的 发展与保护并重，在发展中保护，在保护中促发展。

三、旅游城市生态系统理论

1993 年，坦斯利·A. G.（Tansly A. G. ）界定了生态系统（ecosystem）的概念，是指在一定空间内，所有生物环境与非生物环境通过能量流动和物质循环相互作用、相互依存形成的具有一定结构和功能的系统，该系统在一定时期内处于相对稳定的动态平衡状态。生态系统具有一定的结构、功能，在系统内部形成了动态的运行过程，系统要素之间、系统与外部环境之间存在密切的关联作用，形成了密集的物质、能量交互作用。以生态系统的基本理念为指导，旅游生态安全系统是指围绕旅游活动为目标导向，构成的自然—人工复合系统。由于旅游产业的独特性，其生态安全系统呈现出区别于常规的自然生态系统的独特性。

首先，旅游生态安全系统具有较强的开放性。常规的生态安全系统的研究倾向于一定区域范围内的经济子系统、社会子系统及自然生态子系统间的交互作用。然而，由于旅游者具有异地移动性的重要特征，旅游生态安全系统应强调系统的开放性，探讨系统内旅游客流的输入、输出及分散的能力，评价城市内旅游资源的可达性。

其次，旅游生态安全系统具有较强的敏感性。旅游生态安全系统包含了多维度、多功能的系统因素。任何因素的状态发生变化，均对旅游产业产生影响，甚至可能威胁整个旅游生态安全的存续发展。同时，一些突发事件也会对旅游目的地的可持续发展和生态环境安全产生重大的影响。

再次，旅游客流影响作用大。旅游客流作为旅游生态安全系统的基本作用路径，体现了目的地的旅游职能，是旅游生态安全系统与普通生态安全系统的重要区别所在。旅游客流在旅游生态安全系统中作用能力大、影响力较强。一方面，能够起到提升经济效益、改善居民生活状况的功能，促进、拉动其他职能的实现；另一方面，旅游客流的增长也会干扰当地居民的生活，争夺目的地基础设施及公共资源，干扰、阻碍系统中其他作用关系的实现。

最后，旅游资源的重要性。旅游资源作为旅游自然生态子系统的重要组成部分，也表征了旅游生态环境的主要特色，成为旅游产业存续、发展的基础。旅游资源的开发既能够改善自然生态子系统的状况，为当地居民提供稳定、健康的生活环境，也能够有效地增强旅游产业吸引力，提升旅游产业的综合效益。

四、旅游城市生态安全系统功能流理论

生态安全系统作为一个包括经济、社会、环境和资源的人工复合系统，该系统模拟了自然生态系统的循环途径和食物链网，采用能源消耗、废弃物分解、环境优化等方面形成了类似于自然生态系统的综合系统，达到物质能量利用效率最大化和废物排放最小化，实现地域内经济、社会和环境的协调发展。功能流是对系统内部的物质流动及储存的综合核算，描述了系统内部物质、能量的流转过程："源头—路径—中间过程—最终表征"。生态安全系统的功能流是对系统内部物质流、能量流、信息流及价值流的综合描述，表明了人类社会经济系统与自然环境之间输入、输出及存储的物质、能

源的代谢过程。

在不同的生态安全系统中，其功能流的表征也各具特色。依据上述研究，旅游安全生态系统与其他生态系统相比，具有显著的特征。其系统内部的功能流的表征呈现出差异化。综合来看，旅游生态安全系统是以旅游产业发展为目标导向，包含旅游人数、当地居民、经济活动及生态环境等系统要素，以人口流、物资流、能量流、信息流和资金流等作为系统内部的功能流，将各个系统要素关联起来，构成的一个综合、动态的系统。这些功能流将旅游城市的发展模式、自然资源及旅游资源的状况、旅游产业的发展环境等均融入旅游城市生态安全系统中，构成了旅游生态安全系统内部的功能网络，反映旅游生态安全系统内物质、能量流动、传递及耗散的过程。旅游生态安全系统包含五条核心的作用路径。

第一，人口流。人口流在旅游生态安全系统内起到主导作用，反映了旅游者、当地居民、相关行业人员及管理人员的流动，带来了系统内部人员流动、文化交流、物质资金流动等方面。

第二，物质流。物质流包括，自然物质流、经济物质流和废弃物质流。自然物质流指，旅游生态安全系统的自然生态按营养物质小循环和地球化学大循环所构成的循环过程。经济物质流是指，通过旅游产业链、当地的消费链所形成的物质流。废弃物质流是指，旅游区各种生产性废物、生活性废物所形成的物质流。

第三，能量流。能量流主要分为自然能量流、人为能量流。自然能量流主要集中在自然生态系统中，反映了太阳能、有机化学能等能量遵循生态系统中的食物链，在各个物种间的传递、转换及耗散的过程。旅游生态安全系统是一个复合的人工生态安全系统，更多地体现为人为能量流，表明了在旅游经济、基础生产、生活行为的运行过程中对能源的需求及消耗。

第四，信息流。信息流描述了旅游生态安全系统内部要素之间、与外部环境之间构成的信息交互状况，作为生态安全系统的反馈环节，反映了旅游目的地对生态安全系统的认知、控制及管理作用，是人类对生态安全系统发展模式、演化趋势的主观干预。

第五，资金流。资金流反映了在生产、生活过程中，以及旅游经济运行过程中劳动力价值的呈现、增值及转移的过程。

综上所述，旅游生态安全系统的存续及发展，依赖于系统内部连续的、高效的、稳定的功能流运行状况。五大功能流的状况，也成为影响旅游生态安全系统稳定性的主要因素。任何一个环节出现问题，均可能威胁旅游生态安全系统的稳定性状况，使旅游生态安全系统陷入无序、危险的状态。旅游生态安全系统内部的经济、社会及自然环境三个子系统之间紧密关联，形成了默契的、协调的作用过程，从而维持生态安全系统的存续发展及功能实现，如图 2－3所示。

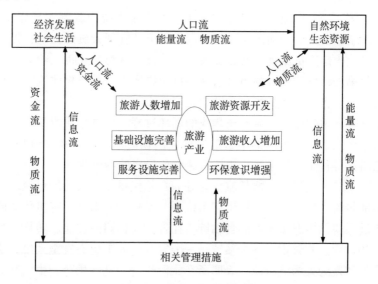

图 2－3　旅游生态安全系统的功能流

资料来源：作者依据本书中关于旅游城市生态系统功能流的阐释绘制而得。

第三节　本章小结

　　本章旨在为旅游城市生态安全系统评价研究提供理论依据，支撑评价模型的构建及实证研究的开展。首先，研究界定了生态安全、旅游城市、旅游城市生态安全及旅游城市生态安全系统的基本概念，明晰了本书所涉及的理论范畴，并明确了实证研究中研究对象的选取原则，将中国的 30 个旅游城市作为研究对象。其次，本章介绍了系统评价的基本理论、可持续发展理论、生态系统理论、生态安全系统功能流理论，作为系统解析、指标体系构建及评价模型构建的理论基础，并为生态安全系统评价结论的分析提供了理论依据及科学支撑。

第三章
旅游城市生态安全系统解析及评价指标体系构建

在上述生态安全评价研究的文献综述及理论分析的基础上，本章旨在面向"旅游城市生态安全系统评价研究"的主题，结合系统评价的基本理论及生态安全系统的基本理论，对"旅游城市生态安全系统"进行全面认知，辨析该概念范畴的理论内涵及研究外延，识别该系统内部的核心要素，梳理系统内部要素间的作用关系，作为旅游城市生态安全系统评价研究的理论基础。在此基础上，研究构建了"旅游城市生态安全系统评价指标体系"，对旅游城市生态安全系统进行详细刻画，将系统要素、要素间作用关系的理论描述落实到具体的评价指标上，实现对旅游城市生态安全系统的数量化描述，支撑后续的测度评价研究。

第一节　旅游城市生态安全系统解析的基本思路

系统是指由密切关联、相互影响的要素部分按照一定的组织结构、功能框架构成的有机整体。要素、关系是构成系统的基本条件。具体来讲，系统的各要素之间、要素与整体之间均存在一定的有机联系，从而在系统内部和系统外部形成一定的结构。因此，旅游城市生态安全系统可以视为由其系统要素按照相应的要素间关系组成的有机组合。而系统要素、要素间关系成为该系统的两个重要部分。因此，旅游城市生态安全系统的解析，应从生态安全系统要素的界定、要素间作用关系的梳理两个方面展开。

一是旅游城市生态安全系统要素的界定。旅游城市生态安全系统要素呈现出多元化、多功能、多维度的特点。常见的生态安全系统要素界定方法有两种：一种是按照"经济—社会—自然"三个维度对生态安全系统要素进行梳理；另一种是将旅游城市生态安全系统视为一个持续的运行过程，依据其不同运行阶段的功能性界定不同的系统要素。本书将两种要素界定方法进行综合，以旅游城市生态安全系统运行过程中的不同功能为依据，界定该系统的核心要素，从"元要素"的方式描述系统的运行过程及演化趋势；并从"经济—社会—自然环境—旅游产业"四个维度选取具体的评价指标，对各个运行阶段进行阐述，反映生态安全系统的基本状况。

二是旅游城市生态安全系统要素间作用关系的梳理。要素间的作用关系数量比较多，其作用方式及目标多种多样。系统要素界定方法的不同，导致要素间作用关系的界定方法存在差异。本章依据生态安全系统运行过程的功能差异性对系统要素进行识别、界定。要素间关系旨在反映不同功能系统要素间的相互影响作用，表征不同生态安全系统运行阶段之间物质、能量的交互过程。从总体看来，旅游城市生态安全系统是由具有不同功能的系统要素按照一定的关联作用组合而成的。其系统要素是对不同系统运行阶段的功能作用进行概括、提炼。要素间作用关系是描述不同运行阶段间的物质、能量交互状况。

综上所述，由于旅游城市生态安全系统包含了多元化、多维度、多功能的系统要素，并且要素间的作用关系数量繁多，作用方式多种多样，导致难以全面、有效地对生态安全系统要素间的作用关系进行描述、评价。因此，必须对旅游城市生态安全系统要素间的作用关系进行归纳总结，将多样化的作用路径进行凝练、梳理，识别出主要的、具有代表性的作用关系。

概念模型正是作为解决系统复杂要素及其作用关系的有效途径，为复杂的研究领域梳理一个简化的、清晰的系统研究框架，并抽象、组织现实世界中的具体事物，将客观对象抽象为某一种信息结构，为理论研究及实践应用提供理论支持。近年来，国内外学者日益重视生态安全系统性研究，构建了多样化的概念模型。一些概念模型按照生态安全系统的动态发生序列，将生态安全系统分解为驱动力、压力、状态、影响、响应、控制等多个抽象维度，既反映了人类活动对生态环境系统的依存关系及影响，又反映了人类社会自主、积极的反馈作用。同时，概念模型通过梳理要素间的作用关系，将系统要素综合起来，构建成复合的生态安全系统框架。

鉴于此，本书选择了生态安全的经典概念模型为基础理论框架，结合旅游城市生态安全系统的特色，界定旅游城市生态安全系统要素的内涵，并厘清了要素间的作用关系，描绘了综合的旅游城市生态安全系统框架。同时，本书将旅游城市生态安全系统分为"经济—社会—自然环境—旅游产业"四个子系统，围绕四个子系统的存续发展、相互作用等特征状态进行具体指标的选取提炼，对各个系统要素进行表征、阐述，构建起旅游城市生态安全系统的评价指标体系。

第二节 旅游城市生态安全系统解析的概念模型

一、生态安全系统概念模型的优点

近年来，国内外学者遵循了共性的构建理念，构建出多样的生态安全概念模型。常见的概念模型有 DSR 模型（驱动力—状态—响应）、PSRP 模型（压力—状态—响应—潜力）、DPSRC 模型（驱动力—压力—状态—响应—控制）、DPSIR 模型（驱动力—压力—状态—影响—响应）。这些概念模型的优点主要体现在以下两点：一是概念模型按照生态安全系统的发生序列，将其系统过程分解为

3~5个抽象维度，对生态安全系统进行抽象、简化。二是概念模型一般从因果关系的角度界定系统要素间的作用关系，运用因果链条对生态安全系统内的关系进行简化和提炼，从"原因——结果"的视角揭示系统内的物质、能量交互过程，形成了系统内部物质、能量流动、转换及耗散的路径。

从总体来看，生态安全的概念模型分析了生态安全系统发生了什么、为什么发生、我们将来该如何做三个问题，反映出自然、经济、社会三者间互相联系、互相限制的关系。这些模型均提供了明确的思路、原则、方法和框架，分析了生态安全系统内部运行机制，凝练系统子阶段的核心特征，有助于生态安全研究对整个系统的描绘及梳理，帮助生态安全系统要素和指标、组织数据或信息的识别及收集，确保生态安全系统中的重要要素和信息不被忽略，以全面分析整个系统状况及发展趋势。

二、旅游城市生态安全系统概念模型的选取及应用

DPSIR概念模型通过对以往概念模型的扩展及修正，更加深入、细化地描述了生态安全系统的运行过程，更好地反映了人类与环境系统之间的相互关系及作用，得到了国内外研究广泛的认可及应用。本书将该概念模型的基本理论移植到旅游生态安全系统研究中，选取DPSIR概念模型作为旅游生态安全系统解析及评价的理论基础，主要是基于以下四个方面的原因。

第一，DPSIR概念模型完整描述了旅游城市生态安全系统的作用过程。该概念模型构建的"驱动力—压力—状态—影响"的作用链条，反映了人类活动对生态环境系统的依存关系及影响。旅游产业发展作为生态安全系统演化发展的重要驱动力，对自然生态系统产生干扰，引起生态环境状态的演化，从而对旅游产业的发展状态、生态环境系统等产生各种影响。同时，该模型引入了"响应"变量来反映人类社会自主地、积极的反馈作用，使生态安全系统从

"链式结构"转化为闭合的循环结构。这种响应措施是管理部门对生态安全"影响"作用信息的反馈,可以优化旅游产业发展模式,降低旅游业发展对生态环境的冲击和压力,改善生态安全系统状态。

第二,DPSIR 概念模型的指标选择具有较强的覆盖性。生态安全的系统属性决定了生态安全的研究既要包含社会、经济、环境各个维度,又要体现系统要素间的关联性,能够反映系统内物质、能量传递及转化的过程。"驱动力"的指标主要反映经济社会发展的基本状况,"状态"的指标反映了自然生态环境的综合状况。"压力"的指标集中表明了经济社会发展对自然环境的干扰作用;相对的,"影响"的指标表述了生态环境变化对人类社会的反作用力。"响应"的指标主要表明人类社会对自然环境的主观的、积极的管理反馈作用。综合来看,DPSIR 概念模型能够综合旅游城市的经济社会系统、自然生态环境系统及旅游产业系统的影响因素,并包含了三个子系统间相互作用的影响因素。

第三,DPSIR 概念模型中的因果关系为生态安全系统要素间作用关系的研究提供了一种研究范式:DPSIR 模型从因果关系的角度界定系统要素间的相互影响,运用要素间的因果链对生态安全系统内的关系进行简化和提炼,从"原因—结果"的视角揭示系统内的物质、能量交互过程,形成了系统内部物质、能量流动、转换及耗散的路径。在旅游城市生态安全系统中,DPSIR 概念模型中的因果关系是对于城市发展、旅游经济活动对于生态系统的影响关系的抽象、提炼,展示了旅游城市生态安全系统内部的物质、能量流通路径。

第四,DPSIR 概念模型反映了旅游城市对生态安全系统的管理思想。该模型不仅分析了整个生态安全系统的综合状况,也辨析了影响生态系统状况的原因,评价了生态安全响应措施的实施绩效。该模型强调了生态安全系统管理者的重要性,采用"响应要素"涵盖了城市对污染物耗散、生态环境维护及经济社会发展模式改善等方面的管理措施，并清晰地考量了相关措施的实施绩效，将各种管理措施的作用能力进行有效整合。同时，该模型提出了影响对响应的激发作用、响应对驱动力、压力、状态的反馈影响，将生态安全系统架构成为一个闭环的、往复的作用过程，描述了管理者对生态环境变化的响应能力，以及对生态安全系统的调控能力。这种往复循环、持续修正的管理模式能够有效地促进人类活动与自然生态环境的和谐，是旅游城市可持续发展的重要措施和保障。

综上所述，DPSIR 概念模型具有较强的综合性、覆盖性，能够贴切地描述生态安全系统的运行状况，合理地归纳、界定生态安全系统的核心要素，梳理系统要素间的作用关系，为旅游城市生态安全系统研究提供普适性的、系统的理论基础。因此，本书采用 DP-SIR 概念模型对旅游城市生态安全系统进行解析和评价，主要在以下三个方面进行运用。

第一，对旅游城市生态安全系统要素的界定。本书依据 DPSIR 概念模型的要素构成，构建了旅游城市生态安全系统评价指标体系的核心维度，包括驱动力、压力、状况、影响、响应五个维度。同时，结合各个城市的旅游产业特点，对 DPSIR 五个要素的内涵进行重新界定，并选取了各个维度的具体评价指标。

第二，对系统要素间的作用关系进行揭示。本书遵循 DPSIR 概念模型的因果关系特征，将旅游城市生态安全系统要素间作用关系界定为"因果关系"的范畴，从而奠定了要素间关系数量化研究的基础。

第三，对"生态安全管理思想"进行深化。本书依据旅游城市的管理参与度，对 DPSIR 概念模型进行分解：将"驱动力—压力—状态—影响"的作用链条界定为旅游城市生态安全系统在不考虑生态安全管理能力的条件下，系统的自然运行状态代表了生态安全系统运行过程中的必然性。将影响对响应的激发作用、响应对压力的缓解作用、响应对状态的改良作用，以及响应对驱动力的拉动作用整合起来，综合表明了旅游城市对生态安全系统的管理能力。

在此基础上，研究分别对两个作用链条进行独立测度，用以辨析经济社会发展对其生态安全系统的影响作用，以及评价旅游城市生态安全系统中的管理能力。

第三节　基于DPSIR概念模型的旅游城市生态安全系统解析

本节以DPSIR概念模型为基础理论框架，对旅游城市生态安全系统进行界定、梳理，从而为后续评价研究架构出系统的理论框架，界定出清晰的研究范畴。由于DPSIR概念模型是从系统要素界定、系统要素间作用关系两个方面对生态安全系统进行剖析，因此，本书将从旅游城市生态安全系统要素的内涵界定、旅游城市生态安全系统要素的作用关系梳理两个方面对旅游城市生态安全系统进行解析、界定，从而架构具有旅游产业特色、城市区域特征的DPSIR概念模型。

一、旅游城市生态安全系统要素内涵

（一）驱动力要素

DPSIR概念模型中的"驱动力D"是作为生态安全系统问题的根本原因，是生态安全演化发展的隐性因素（implicit）。欧洲环境署（EEA）将驱动力定义为"经济社会的发展对人们的生产方式及生活、消费方式的影响"，是对经济部门、经济体制、人口社会体制等方面综合特征的描述。驱动力因素可以分为直接驱动因素、间接驱动因素两部分。直接驱动因素反映了人类社会经济总量的增加、人民生活水平的提升，是生态安全系统发展的原始动力；间接驱动因素是由直接驱动因素引发的，反映了经济社会发展引发的综

合变化，包含社会结构的变化、土地利用程度的提升及各类产业的发展等方面。因此，旅游城市生态安全系统的驱动力应作为造成旅游城市环境变化的潜在原因，代表旅游城市生态安全系统演化发展的动力，影响生态安全系统的可持续发展能力。其中，直接驱动力主要是经济发展、人口增减状况及旅游产业发展等方面。间接驱动力包含城市化状态、人民消费状况及旅游产业结构状况等方面。本书主要从以下三方面提炼驱动力的影响因素。

第一，经济社会因素。经济社会因素往往与生态环境因素呈现出对立统一关系。随着国民经济的发展，经济总量提升，人民生活水平的提高，会消耗更多的物质资源，产生更多污染物，对旅游城市自然环境带来冲击、压力，同时也对自然环境状态提出更高的要求，会更重视旅游城市自然环境的保护及治理。经济因素在时间和空间上变化大、作用突出，是分析旅游城市生态安全问题的主导驱动因子。本书选择 GDP 增长率、人均 GDP 数量、城市化状况等表示经济社会因素的驱动作用。

第二，人口因素。自然环境对人口的容纳数量是有限的。大多数自然资源有限、不可再生，一旦消耗或破坏无法恢复。人口增长会对旅游城市的自然环境带来压力，消耗大量自然资源，加大资源环境利用强度，带来多样的生态安全问题。同时，人口因素作为支撑经济社会发展的主要资源，劳动力人数的减少会严重影响经济社会发展进程。因此，旅游城市需要研究人口因素的影响作用，实现人口因素与生态环境间的平衡，本书选用旅游城市的人口增长率、城镇人口增减作为驱动力指标。

第三，旅游产业发展因素。旅游产业的发展是引起旅游生态安全系统演化发展的驱动来源。旅游产业的发展能够拉动当地经济的发展，提升城市的知名度，改善人民的生活环境。然而，当地的旅游资源环境对旅游者的容纳人数是有限的。旅游产业的过度发展、旅游人数的过度增加会给当地旅游资源带来严重的冲击、压力，造成旅游资源的破坏，最终会危害旅游产业的可持续发展。本书主要选取旅游收入增减状况、旅游人数增减状况及旅游产业固定资产投资状况等指标，作为旅游产业发展的驱动力因素。

（二）压力要素

DPSIR 概念模型中的压力是引起生态环境变化的直接影响因素，是通过驱动力直接施加在生态安全系统之上的，促使生态系统发展变化。与驱动力作用相似，压力因素也是引起生态安全系统演化发展的因素，但其对生态安全系统的发展变化产生作用的方式是"显式"（explicit）的。欧洲环境署（2005a）采用压力指标描述经济社会发展过程中污染物的排放强度及物质能源的消耗状况。鉴于此，旅游城市生态安全系统压力是反映旅游城市经济社会发展、旅游产业发展过程中对自然环境的影响作用，改变生态系统健康状态的直接原因。其主要包含各种污染物的排放指标、物质能源消耗强度、旅游产业行为引起的直接影响三个方面。

经济社会发展过程中的污染物排放，主要表现为废水排放、废气排放及固体废弃物排放等类型。而其物质能源消耗的状况主要表现为土地的利用度、能源消耗强度等。同时，旅游产业行为的直接影响，主要集中于旅游活动对城市生活的干扰度和对旅游资源的开发利用强度。

（三）状态要素

状态（state）是 DPSIR 概念模型中的表征维度，综合了在各种影响作用下的生态安全系统的现实状况，使得驱动力、压力导致的生态环境变化状况得以彰显。状态维度的定义主要分为两方面：一方面，反映了在一定区域内生态环境的综合特征。以欧洲环境署的定义为代表，状态因素反映了"一定区域内的自然现象（如温度等）、生物现象（如水资源状况）及特定化学因素（如 CO_2 数量）等方面的数量或者质量"；另一方面，反映了具体研究方向的生态环境状况。例如，鲍恩等（Bowen et al.，2006）针对区域内生物状况进行研究，采用状态因素评价了区域内的生物多样性状况。罗杰和格里纳韦（2005）研究了生态系统的脆弱性，采用状态因素反映高危物种的保护能力。旅游城市生态安全系统的状态因素识别是对其生态系统现状及其动态变化的监测，是分析压力要素影响力作用的研究基础，也是识别影响要素、响应要素的出发点。由于旅游城市生态安全系统是一个复合系统，该系统既包含了城市基础的经济社会发展状况、旅游产业发展状况，也包含了对旅游产业与当地经济社会发展的协调程度。

研究将旅游城市生态安全系统状态因素设定为三部分：第一，反映出城市内生态环境的综合状况，主要包含常规城市环境评价指标（气候状况、空气质量、噪声控制状况及绿化状况等）；第二，反映出具体的旅游资源状况，包含旅游资源数量、旅游资源质量等指标；第三，反映出旅游产业协调程度，包含旅游产业与旅游城市的生态环境系统、经济系统、社会系统等方面的协调程度。

（四）影响要素

面向不同的研究领域及研究目的，影响（impact）的内涵界定呈现出较大差异。在生物科学领域，影响因素选取了非生命体自然因素（如水体、大气、土壤等）的变化引起的影响作用。这些影响因素主要是反映了环境功能恶化引起的负向作用。在社会科学领域，影响因素侧重于环境功能的变化对人类社会的影响，包含资源供应能力、水与空气质量状况、自然环境维护能力等方面。由于影响维度的内涵界定及其主要影响因素未能形成共识，导致影响（impact）对状态（state）之间作用关系的界定也呈现出差异化。有的影响因素反映了环境功能引起的正向影响（例如，社会发展增强人们的消费能力）；而有的影响反映了环境功能引起的负向影响（例如，空气质量恶化引发人们的健康问题）。

旅游城市生态安全系统是"人—自然"的复合系统，侧重于自然环境对城市经济社会发展、旅游产业发展的支撑能力，属于社会科学的研究范畴。因此，旅游城市生态安全系统中的影响维度定义为，当城市的自然环境及旅游资源环境受到冲击、压力时，旅游城市的生态安全系统状态发生变化，形成对城市经济社会环境、旅游产业环境的影响作用。主要表现在以下三个方面：第一，旅游城市生态系统状态变化对系统中各因素的影响，包含旅游者消费水平、停留时间、知名度、满意度等指标。第二，旅游城市生态系统状态的变化间接地对旅游经济结构、效益产生影响，包含旅游固定资产投资的收益能力、主要旅游企业的营业状况等方面。第三，通过旅游产业结构与效益的变化进而对城市社会经济贡献带来影响，包含旅游产业对当地居民的生活水平、就业机会及出游需求的拉动能力。

（五）响应要素

DPSIR 概念模型中的响应维度是指，通过社会中的相关组织（或个人），采取的防止、补偿、改善或者适应生态环境变化的措施。在响应维度中，其影响因素既要涉及环境保护、减轻环境污染等方面的措施，也要反映各种政策措施的综合结果。因此，响应措施旨在预防、缓解驱动力、压力的负面影响，维持、修复生态环境的状态（state），进而能够应对、适应影响因素（impact）的作用。

旅游城市生态安全系统的响应维度是城市在促进旅游产业可持续发展的进程中，所采取的对策和制定的积极政策，能够反映旅游城市对生态环境保护投入（包括人力、财力、物力）程度以及管理保护政策的制定与实施力度。这主要表现在以下几个方面：提高资源利用效率、污染物排放控制、社区居民健康管理与维护、科技教育水平、城市基础设施建设和旅游资源保护等方面。

二、旅游城市生态安全系统要素间作用关系

在 DPSIR 概念模型的指导下，旅游城市生态安全系统的状况及作用过程被描述为驱动力、压力、状态、影响和响应五个因素的相

互作用过程。旅游城市的经济发展、旅游产业活动作为驱动力（D），对旅游城市生态安全系统产生干扰，引起相应的压力（P）作用，导致旅游城市生态安全系统状态（S）的改变。旅游城市生态安全系统状态（S）的改变，反过来对旅游城市的社会经济活动、旅游产业的发展环境及生态系统结构与功能产生影响（I）。为了实现旅游城市的可持续发展，影响（I）促使管理机构采取各种响应措施，响应（R）反作用于驱动力、压力、状态，旨在保持旅游城市生态系统的稳定与平衡。鉴于此，根据中外学者对 DPSIR 模型中要素及影响关系的研究成果及相关应用，结合旅游城市生态安全系统的特征及驱动力（D）、压力（P）、状态（S）、影响（I）及响应（R）五个维度的内涵界定，本章将各个要素间的作用关系表述如下。

第一，驱动力（D）是旅游城市生态安全系统演化的动力源，对压力（P）起到正向作用，表示旅游城市经济社会发展会带来污染物排放、能源消耗加剧，增加旅游城市生态安全系统的压力。

第二，压力（P）是旅游城市发展对自然生态系统产生影响的转换器，是旅游城市经济社会发展造成自然环境、生态系统变化的各种直接原因，对状态（S）起到负向的影响作用。

第三，状态（S）是旅游城市生态安全系统的映像元，反映了旅游城市生态安全系统的现实状态。其生态安全系统状态的变化，带来了生态环境功能的变化，而这种环境功能变化可能是正向的，也可能是负向的。

第四，影响（I）使得生态系统状况的变化趋势得以彰显，并反馈到人类的生产生活中，激发出生态安全系统反馈作用，促使旅游城市采取相应的生态安全保护措施。在旅游城市生态安全系统中，影响（I）对响应（R）起到正向的促进作用。

第五，响应（R）是旅游城市生态安全系统受到干扰的缓冲器。旅游城市生态安全系统响应措施能够改善城市的发展模式，对经济社会发展起到显著的拉动作用。因此，响应（R）应对驱动力

（D）起到显著的正向作用。同时，响应（R）能够对压力（P）产生负面作用，减少城市污染物排放、提升能源利用效率。响应措施还应该作用于自然环境的维护及修复工作，提升生态安全系统的总体状况。因此，响应（R）对状态（S）起到正向作用。

　　基于上述分析，研究构建了如图 3 – 1 所示的旅游城市生态安全系统的 DPSIR 概念模型，作为旅游城市生态安全系统的理论框架，为后续评价研究奠定了基础，如图 3 – 1 所示。

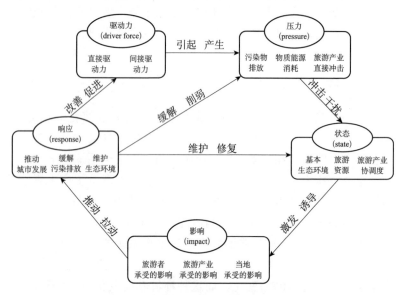

图 3 – 1　基于 DPSIR 概念模型的旅游城市生态安全系统

资料来源：作者依据 DPSIR 概念模型的相关理论归纳绘制而得。

　　根据图 3 – 1 的理论体系，本书对旅游城市生态安全系统的解析为：

　　第一，旅游城市生态安全系统的驱动力要素作为整个系统的源头，是系统演化发展的根本推动力。旅游城市经济社会的发展、旅游产业的发展促进了城市经济总量及人口数量的增长，推动了城市化进程，改变了经济、社会的发展模式。

第二，压力要素是由驱动力要素引发推动的。在旅游城市发展过程中，排放各种污染物，消耗了各种物质资源，进而对自然环境产生冲击、压力。

第三，状态要素作为整个生态安全系统的表征因素，直接受压力因素的负向影响。该要素主要反映了旅游城市的自然生态系统状况、整个生态安全系统的和谐发展能力。

第四，影响要素是指，旅游城市的自然生态系统发生变化时，对旅游城市经济社会环境、旅游产业环境的影响作用。由于状态要素的变化趋势有好有坏，因此，其对影响要素的作用也可以表现为正向或者负向的。

第五，响应要素反映了旅游城市生态安全的管理能力，受到影响因素的正向推动作用，反映了旅游城市管理者对旅游城市经济社会环境、旅游产业环境受到影响的主观、积极的反馈能力。这种反馈能力也表现在生态安全的响应措施推动经济社会发展能力（响应要素对驱动力要素的正向推动作用）、预防、缓解经济社会发展对自然环境的冲击、干扰（响应要素对压力要素的负向作用）以及维持、修复生态环境的能力（响应要素对状态要素的正向作用）。

第四节　旅游城市生态安全系统评价指标体系构建

一、评价指标体系的构建步骤

旅游城市生态安全系统评价指标的构建是基于旅游城市生态安全系统分析，对系统内的核心维度进行细化、分解，描述旅游城市生态安全系统的主要特征、基本现状及演化趋势。生态安全系统评价指标体系的研究虽然由来已久，已经积累了丰富的研究成果，然而，旅游城市生态安全研究刚刚起步，尚没有形成被普遍认可的评价指标体系。鉴于此，本书将旅游城市生态安全系统评价指标体系的构建过程分为以下步骤，如图3－2所示。一是研究梳理之前的研究成果，搭建生态安全系统基本框架，辨识生态安全评价指标的共性特征，选择文献中采用的高频的、经典的生态安全评价指标，构建生态安全系统评价指标库，从而提升研究成果的可信性；二是结合旅游产业化特征，增加相应的评价指标，提升研究成果的针对性和独特性。

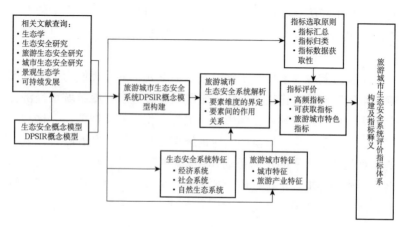

图3－2　旅游城市生态安全系统评价指标体系的构建步骤

资料来源：作者依据本书中旅游城市生态安全系统评价指标体系的研究过程归纳绘制而得。

二、评价指标体系的构建原则

为了客观、全面、科学地衡量旅游城市生态安全系统，研究架构旅游城市生态安全评价指标体系时，需要考虑旅游城市的实际情况和数据可获得性、旅游城市生态安全系统自身的特点，以及旅游产业在城市生态系统中的影响力。本书构建旅游城市生态安全系统评价指标体系应遵循以下四条原则。

（一）系统性原则

系统性作为生态安全系统的最重要特征，主要表现在三个方面：第一，生态安全系统涉及社会、经济、环境三个子系统，并且，三个子系统之间存在密切的关联性，进行着物质能量的交换；第二，生态安全系统内部的因素普遍联系、密切作用，形成了一个和谐的有机整体；第三，生态安全系统表现为结构和功能的整体性。因此，旅游城市生态安全系统评价指标体系的建立，要综合考虑旅游城市内部经济、社会、自然资源及旅游产业等子系统的特有要素，还应该反映该系统综合特征的信息因子，表明了系统的综合特征。

（二）层次性原则

在指标体系构建过程中需要按照一定的理论逻辑，将生态安全系统分解为科学的、合理的层次结构，从简到繁层层剖析，以便能够完整、清晰地梳理出系统中各个影响因素。本书的生态安全系统评价指标体系构建分为两个层次：一是按照旅游生态安全系统的利益相关者，划分为经济系统、社会系统、旅游产业系统及自然环境系统等维度；二是按照旅游生态安全系统的事件发生序列，采用DPSIR 概念模型组织指标体系。

（三）代表性原则

旅游城市生态安全系统评价指标体系难以涵盖系统中所有的影响因子，应选取具有代表性的、经典的特征指标。为了使旅游城市生态安全系统评价的研究结论具有普适性、科学性，需借鉴经典的生态安全评价指标体系，提炼出生态安全系统经典的、高频指标，同时要体现旅游产业的特色，并保证在时间和空间上的可比性。

（四）可度量性原则

为保证旅游城市生态安全评价研究的可行性，使其研究结论能够普遍适用于不同的研究样本，指标体系的构建应考虑具体指标的可度量性及可获取性。旅游城市生态安全系统评价指标体系构建过程中需要明确各个具体指标的内涵及获取渠道，考量中国数据统计的现状，符合现有统计水平及相关技术部门的能力，以便于获取充足的研究数据，提升研究结论的可信性。

三、具体评价指标的筛选及设计

（一）高频评价指标的统计及筛选

生态安全研究内涵丰富，其研究主题、研究对象多种多样。具体评价指标体系的选择能够表征其研究对象的特征，是达成其研究目的的有效途径。然而，研究者对于概念内涵的认知、概念外延的界定，均决定指标体系的架构以及具体指标的选择。鉴于此，本书收集了相关研究文献中所涉及的具体指标，按照各个指标的使用频次排序，识别出经典的、高频的评价指标，为后续评价指标的选取提供参考依据。具体研究步骤如下：第一，以中国期刊全文数据库（CNKI）为数据源，选择"生态安全"及"评价指标"两个关键词进行检索，共计获取文献153条。第二，通过原始文献研读，剔除没有涉及具体指标的研究文献，共剩余文献121条。第三，本书对相关文献中提到的具体指标进行频次统计，列出了出现频次15次以上的评价指标，如图3-3所示。

根据高频指标的频次统计图分析，生态安全系统评价指标的选取具有一定的集中度、普适性，形成了共性的研究基础，能够识别出认可度较高、适用性较广的生态安全评价指标，从而保证相关研究成果的认可度及延续性。为了与前文提出的生态安全系统要素的内涵界定相结合，本章将高频的、经典的评价指标进行分类、归纳，将具体指标落实到五个评价维度，统计出该维度的高频指标引用状况。同时，为了平衡各个维度的指标数量，涵盖引用频次较高的评价指标，本节将高频指标的选取阈值设置为引用频次30，依据图3-3甄选出各个维度的高频经典指标，指导评价指标体系的构建，并指导旅游产业相关评价指标的选取，如表 3 - 1 所示。

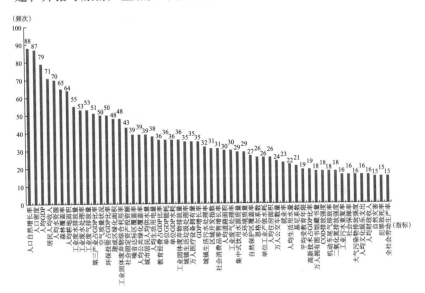

图 3 - 3　高频指标的频次统计

资料来源：作者依据以知网检索的相关研究论文中的高频指标进行频次统计，并绘制成为柱状图。

表 3 - 1　　　　　　　　五个维度中高频指标的引用状况

序号	指标维度	总体引用频次	高频指标个数	平均引用频次	具体指标	具体指标引用频次
1					人口自然增长率	88
2					人口密度	87
3	D	363	7	51.9	人均 GDP	79
4					社会固定资产投资额	43
5					GDP 增长率	35
1					工业废水排放量	55
2					工业废气排放量	53
3					城镇居民生活用电量	38
4	P	512	16	32	GDP 能源消耗	36
5					GDP 用水量	36
6					工业固体废弃物排放量	36
7					区域开发指数	31

旅游城市生态安全系统评价研究

续表

序号	指标维度	总体引用频次	高频指标个数	平均引用频次	具体指标	具体指标引用频次
1					人均水资源	70
2					森林覆盖率	65
3					人均耕地面积	64
4	S	568	14	40.6	空气质量状况	50
5					建成区绿化面积	48
6					噪声达标区覆盖率	39
7					人均公共绿化覆盖率	39
8					城市居民人均供水量	39
1	I	197	7	28.1	居民人均收入	71
2					社会消费品零售增长率	31
1					工业废水处理率	53
2					第三产业占 GDP 比例	51
3					环保投资占 GDP 比例	50
4					工业固体废弃物综合利用率	48
5	R	512	16	32	教育投资占 GDP 比例	36
6					城镇生活垃圾处理率	35
7					城镇居民医疗设备拥有量	32
8					城镇生活污水处理率	32
9					工业废气处理率	30

资料来源：作者将知网检索的相关研究论文中的高频指标归纳到 DPSIR 概念模型的 5 个维度中，并分别进行频次统计。

根据表 3-1 分析可以看出，本节对生态安全研究领域的高频指标分布状况进行了归纳总结，提炼了各个评价维度的高频指标，明晰评价指标选取的原则、重点、方向、范围，作为后续构建评价指标体系的参考依据。

第一，驱动力维度。该维度的评价指标主要集中在国民经济发展状况、人口增长状况两个方面，其高频指标数量较少，平均引用频次相对较高（51.9 次），反映了研究者对于该维度评价指标的选取较为集中，具有较强的共性和普遍性。

第二，压力维度。该维度的评价指标平均引用频次较为适中（32 次），高频指标种类较多，倾向于从污染物排放强度、能源消耗强度两个方面选取。随着中国对环境污染、能源消耗等方面关注

74

重点的变化，压力维度的评价指标呈现出相应演变，反映了各个发展阶段生态安全研究的关键。

第三，状态维度。该维度的高频指标主要反映了评价对象的水资源状况、空气质量、噪声污染状况、绿化状况，呈现出较高的平均引用频次（40.6次），反映出研究者对自然生态系统的认知形成了较高共识。

第四，影响维度。该维度仅提炼出七个高频指标，平均引用频次也较低（28.1次），因此仅产生了两个引用频次超过30的高频指标。这反映了研究者结合不同的研究目标，对影响维度的范畴进行界定，造成评价指标的选取较为宽泛和多样，难以产生集中度较高、代表性较强的指标。

第五，响应维度。研究者对于响应维度评价指标的重视程度最高，形成了较高的总引用频次（512次）。然而，由于生态安全系统响应措施的类型多、范围广，研究者对相应指标的选取相对分散，使得高频指标的数量较多（16个），因此，该类评价指标的平均引用频次显著低于驱动力维度和状态维度。

（二）旅游特色评价指标的设计

本书结合旅游城市生态安全系统五个核心要素的研究界定，并延续了上述高频经典评价指标的描述内容、测度方向，对旅游特色评价指标进行选取设计。

第一，驱动力要素。常规生态安全的驱动力要素，往往从城市经济总量增长、人口增长两个方面进行分析测度。同样的，研究选取了旅游收入增长率、旅游人数增长率、旅游固定资产增长率等指标，表明了旅游产业发展、旅游者涌入对当地生态安全系统的推动作用。

第二，压力要素。常规生态安全的压力要素是通过经济社会发展中污染物排放及能源消耗的测度，评价生态安全系统所承受的冲击压力。然而，由于旅游产业是一个涵盖范围丰富、关联性较强的产业，且中国相关旅游统计工作涉及范围较窄，获取数据比较单一，难以单独剥离旅游产业引发的污染物排放、能源消耗等方面的计量数据。因此，本书采用旅游者对基础设施冲击（旅游交通压力）、旅游者对城市空间的占用（旅游空间密度）、旅游者对当地居民的干扰（游客密度指数）三个指标反映了旅游产业对旅游城市生态安全系统带来的冲击压力。

第三，状态要素。在旅游产业中，自然环境起到了重要的影响作用，并作为城市旅游产品的核心。因此，旅游城市的空气质量、噪声污染状况、绿化状况等也是作为旅游资源的核心指标，表明了旅游生态安全系统的状态。同时，本书从城市拥有的旅游资源状况（旅游资源质量）、旅游者人均拥有的旅游资源数量（人均旅游资源占有量）两个方面，对旅游资源状况进行测度评价。考虑到旅游产业作为当地城市经济社会发展的组成部分，并不是独立发展、孤立存在的，本书采用旅游产业与环境系统的协调度、旅游产业与社会系统协调度、旅游产业与经济系统协调度三个指标，描述旅游产业与当地城市的交互作用，探讨旅游产业与城市经济子系统、社会子系统及自然环境系统的协调关系。

第四，影响要素。由于影响要素的研究内涵尚未统一，其研究主题较为分散，高频经典的评价指标较少，结合研究主题，本书将影响维度定义为，旅游城市的生态安全系统状态发生变化，形成的对城市经济社会环境、旅游产业环境的影响作用。因此，本书将旅游产业相关的影响因素分为两部分：一部分是，旅游产业发展对旅游市场的影响作用，包含旅游城市知名度、旅游者人均消费、旅游者停留天数等指标；另一部分是，旅游产业的经济状况产生的影响作用，主要采用旅游产业固定资产投资收益能力、营业状况等指标。

第五，响应要素。响应要素的高频经典指标主要描述旅游城市减轻污染、优化自然环境等方面的策略措施，反映旅游城市对生态环境保护的投入力度。同样，这些策略措施也是作为维护、改善城市旅游资源状况的核心策略，是旅游生态安全响应维度的重要指标。此外，为了突出对旅游产业的管理作用，本书增加了管理部门对其旅游产业自身能力改善提升的评价指标，主要从旅游人才培养、旅游基础设施建设两方面表述。

（三）综合评价指标体系的构建

本章选取 DPSIR 概念模型作为旅游城市生态安全系统评价指标体系构建的理论逻辑，从"驱动力—压力—状态—影响—响应"五个维度构建了生态安全系统评价指标体系的基础框架。同时，基于上述高频经典评价指标的梳理甄选、旅游产业相关评价指标的设计，本书分别从经济、社会、自然环境及旅游产业四个子系统中选取指标，围绕这四个子系统的存续发展、作用关系等特征状态进行具体指标的选取提炼，填充其"驱动力—压力—状态—影响—响应"五个维度，构建完成了旅游城市生态安全系统评价指标体系，如表 3-2 所示。

表 3-2 　　　　　旅游城市生态安全系统评价指标体系

评价维度	序号	具体评价指标	单位
驱动力 （driver forcing）	D1	人口自然增长率	%
	D2	人口密度	人/平方千米
	D3	人均国民生产总值	万元/人
	D4	GDP 增长率	%
	D5	旅游人数增长率	%
	D6	旅游收入增长率	%
	D7	旅游固定资产增长率	%
压力 （pressure）	P1	开发指数	—
	P2	人均生活用电量	千瓦时
	P3	单位 GDP 能源消耗	吨标煤
	P4	万元 GDP 废水排放量	万吨
	P5	万元 GDP 用水量	万吨

旅游城市生态安全系统评价研究

评价维度	序号	具体评价指标	单位
压力 （pressure）	P6	万元 GDP 废气排放量	万吨
	P7	旅游交通压力	—
	P8	旅游空间指数	—
	P9	游客密度指数	—
状态 （state）	S1	建成区绿化覆盖率	%
	S2	空气质量达到二级以上天数	天
	S3	温湿指数	—
	S4	噪声达标区覆盖率	（%）
	S5	城市居民人均供水量	吨
	S6	旅游资源质量	—
	S7	旅游者人均资源占有量	平方米/人
	S8	旅游产业与环境系统协调度	—
	S9	旅游产业与社会系统协调度	—
	S10	旅游产业与经济系统协调度	—
影响 （impact）	I1	旅游城市知名度	—
	I2	旅游者人均消费	元
	I3	旅游者人均停留天数	天
	I4	饭店床位出租率	%
	I5	饭店平均房价	元
	I6	百元饭店业固定资产投资的营业收入	元
	I7	城市居民旅游消费	元
	I8	人均社会消费品零售总额	元
响应 （response）	R1	旅游从业人员素质状况	—
	R2	旅游交通支撑能力	—
	R3	环境污染治理投资额占 GDP 比例	%
	R4	旅游固定资产投资占旅游收入比例	%
	R5	教育支出占 GDP 比例	%
	R6	城市生活污水处理率	%
	R7	生活垃圾无害化处理率	%
	R8	工业废水达标排放率	%
	R9	工业废气达标排放率	%
	R10	工业固体废弃物综合利用率	%
	R11	万人拥有医院床位	张

注："—"表示无单位。

四、主要评价指标的释义

(一) 开发指数

开发指数是指，旅游城市被开发利用面积占城区总面积的比率。其中，旅游城市被开发面积是指，城区内人类生产生活直接开发利用的面积（包括居住用地、公共设施用地、工业用地、仓储用地、对外交通用地、道路广场用地、市政公用设施用地、绿地和特殊用地等）。该指标通过对土地资源利用程度的评价，反映了旅游城市发展对自然生态系统的利用程度及干扰程度。随着开发指数逐渐增加，表明城市内人为干扰的程度越高，旅游城市生态环境系统承受的压力越大。

(二) 人均生活用电量

人均生活用电量是反映一个区域经济发展水平及人民生活质量的重要指标，以家庭为单位的能源消耗被视为人们生活标准的关键指标。然而，人均生活用电量的快速增长不仅反映了社会财富的积累和人民生活水平的提升，也造成了温室气体的大量排放及能源的大量消耗，引发了显著的生态环境问题。

(三) 旅游交通压力

旅游交通是旅游产业发展的先决条件，也是推动旅游产业发展的主要推动力，给旅游城市带来稳定、持续的经济效益。旅游交通压力主要反映游客流动及涌入对城市交通基础设施带来的压力，是旅游产业发展对城市经济、社会及自然环境产生负向影响的核心原因。旅游交通压力采用一定时期内旅游城市的旅游人数与旅游城市客运总量的比值进行测度。旅游交通压力越低，反映的旅游产业对交通设施的压力越小。计算公式为：

$$旅游交通压力 = \frac{旅游人数}{旅游城市客运总量}$$

(四) 旅游空间指数

旅游空间指数是指，旅游城市区域内旅游活动的密度，采用年旅游者人数与旅游城市总面积的比值表示。旅游空间指数是表征旅游者对旅游城市影响作用的一个基础指标，直接反映了旅游者对城市空间的利用程度及干扰程度。该指数越高，表示旅游者占据的城市空间面积越大，争夺公共资源的能力越强，从而旅游产业对当地居民、自然环境的干扰度越高。计算公式为：

$$旅游空间指数 = \frac{旅游人数}{旅游城市总面积}$$

(五) 游客密度指数

游客密度指数是指，游客人数与当地居民人数的比值，又称游居比。在旅游地开发的早期，当地居民对游客持友好态度，而随着游客人数的增长，游客过多地占用当地公共设施和当地城市系统（无论是自然系统或是人文系统），使当地居民产生对游客的抵触情绪。同时，由于旅游业对当地带来的环境、文化问题以及规划不当、利益分配不均等问题，旅游城市所能容纳的游客人数越来越少。游客密度指数越大，反映了旅游者对城市居民的生活干扰度越高，当地居民对旅游者的排斥越强烈，严重影响旅游产业的可持续发展。计算公式为：

$$游客密度指数 = \frac{旅游人数}{旅游城市常住人口总数}$$

(六) 温湿指数

温湿指数，又称为人体舒适度指数，包含气温、湿度、风向风速三个影响人体舒适程度的主要气象因素，反映了旅游城市气候状况的综合作用，影响当地居民的生产生活方式、旅游产业的发展路径及旅游者的活动模式等。温湿指数的计算公式如下。

$$温湿指数 = (1.818t + 18.18) \times (0.88 + 0.002f) + \frac{(t-32)}{(45-t)}$$
$$- 3.2v + 18.2$$

其中，t 为年平均气温，f 为年平均湿度，v 为年最大风速值与最小风速值的平均值。

（七）旅游资源质量

旅游资源质量是按照旅游资源的类型特征、空间结构、数量和质量等级、开发潜力等方面将旅游景区进行等级划分。其中，5A级旅游景区、4A 级旅游景区、3A 级旅游景区均有较好的旅游资源、较为广泛的市场影响。因此，本书对 5A 级旅游景区、4A 级旅游景区、3A 级旅游景区分别赋值为 10、8、6，对旅游城市内 3A 级以上的旅游景区进行加权求和，作为旅游资源质量的综合评分。旅游资源质量的评分越高，反映旅游资源质量越好，其旅游产业的竞争能力越强。

（八）旅游产业与环境系统协调度

旅游产业系统与环境系统的协调度，是采用旅游收入增长率与环境污染损失额增长率的比值测度的。其中，环境污染损失是由能够显著改变环境状态变量的"压力"指标计算得出的。研究结合统计数据的可获得性，选择了二氧化碳（CO_2）排放量、二氧化硫（SO_2）排放量、烟粉尘排放量表征空气质量的污染状况；选择化学需氧量（BOD）排放量代表水资源的污染状况；选择工业固体废弃物排放量代表土壤资源的污染状况。采用虚拟治理成本法，依据1992 年的治理成本对环境污染损失额进行估算（肖士恩，2011）。旅游产业系统与环境系统协调度综合反映了旅游产业发展对空气资源、水资源及土地资源带来的冲击和压力。该协调度越高，表示旅游产业发展对生态环境的冲击、压力越小，越显著区别于高消耗、高污染的产业发展模式，能够有效地提升旅游城市生态安全系统的稳定性。计算公式为：

$$旅游产业系统与环境系统协调度 = \frac{旅游收入增长率}{环境污染损失额增长率}$$

（九）旅游产业与社会系统协调度

旅游产业与社会系统协调度采用旅游就业人数的增长率与旅游城市就业人数增长率的比值，代表了旅游产业从业人数的本地化状况，反映了城市居民从旅游产业发展中能够获取的直接效益。该协调度越高，表示旅游产业对城市居民就业的贡献度越高，能够有效地提升城市居民对旅游产业的支持程度及对旅游者的容纳程度。计算公式为：

$$旅游产业系统与社会系统协调度 = \frac{旅游从业人数的增长率}{旅游城市就业人数增长率}$$

（十）旅游产业与经济系统协调度

旅游产业与经济系统协调度采用旅游收入增长率与国民生产总值增长率的比值，主要测度了旅游产业增长与经济发展的拉动效应。该协调度越高，表示旅游产业对经济增长的贡献度越高，越能够有效地拉动旅游城市的经济发展。计算公式为：

$$旅游产业系统与经济系统协调度 = \frac{旅游收入增长率}{国民生产总值增长率}$$

（十一）旅游城市知名度

旅游城市知名度是旅游者对旅游城市的识别、记忆的状况。旅游城市的知名度对旅游产业的发展至关重要，综合表明了一个旅游城市的发展程度，是影响旅游产业竞争力的重要指标。本书采取数据统计法测度旅游城市的知名度，选取访问量排名前五位的搜索引擎：百度搜索、360 搜索、搜狗搜索、谷歌搜索及搜搜搜索（《中国搜索引擎市场监测报告》，2013），针对每一个样本城市依次检索

"∗∗城市＋旅游＋201?"，求得五大搜索引擎的检索数量总和，从而对旅游城市知名度进行量化。

（十二）旅游者人均停留天数

旅游者人均停留天数是指，一定时期内旅游者停留天数与旅游者人数之比，从平均数角度反映了旅游需求的现实特征，表明了旅游资源对旅游者的吸引强度。该指标从时间角度衡量了旅游者使用目的地旅游设施和服务的程度，也反映了旅游者对旅游资源的需求水平。

（十三）饭店平均房价

饭店平均房价是饭店经营活动分析中仅次于客房出租率的第二个重要指标，是饭店客房总收入与实际出租客房数的比值，该指标是反映旅游城市经济社会综合状况及旅游产业市场定位的重要指标。饭店平均房价的高低，直接影响了饭店的经济收益及旅游产业的综合经济效益，也反映了当地旅游资源的吸引力及旅游市场状况。

（十四）旅游从业人员素质状况

旅游从业人员素质是保证旅游服务质量与水平的重要因素，也是衡量旅游产业发展水平的重要标志。旅游从业人员素质的高低，直接影响旅游产业服务质量和服务水平，影响旅游城市的社会声誉、市场评价。因此，提升旅游从业人员的素质，增强旅游从业人员的服务意识及服务能力，对于维护旅游产业健康发展具有重要的意义。本书选取大专以上旅游从业者数量作为旅游从业者素质的标志性指标，采用每万名旅游者拥有的大专以上从业人员数量对旅游从业素质进行量化测度。

（十五）旅游交通支撑能力

交通运输设施建设是旅游基础设施建设的重中之重，作为旅游城市开发建设的先导环节，需要以旅游城市的客源市场的现实需求和潜在需求为导向，在数量、规模和设备档次上适应不同游客的需求，具有输送、分散旅游者的功能，支撑着旅游城市的旅游产业的发展。旅游景区、旅游景点应与交通建设相配套，"景随路建，路为景开"。由于旅游城市的公园绿地资源作为优化旅游城市生态环境的核心资源，构成了旅游产业的资源基础。鉴于此，本书采用交通路线里程数与旅游城市公园绿地总面积的比值，来反映旅游交通设施的支撑能力。计算公式为：

$$旅游交通支撑能力 = \frac{交通路线里程数}{旅游城市公园绿地总面积}$$

五、本章小结

本章采用系统研究的基本理论，对旅游城市生态安全系统进行解析，并构建了旅游城市生态安全评价指标体系。一是研究引入 DPSIR 概念模型作为理论框架，将旅游城市生态安全系统分解为系统要素（驱动力、压力、状态、影响、响应五个要素）和要素间作用关系（七组作用关系）两个核心组件，并通过分析相关研究文献对系统要素进行界定，对要素间关系进行梳理，从而实现了对旅游城市生态安全系统的解析认知，明晰了后续研究的基本范畴。二是研究通过对生态安全系统高频指标的统计筛选，辨析该评价研究领域的高频指标、经典指标，并依据高频指标的选取原则及特征设计出具有旅游产业特色的评价指标，从而构建本书的旅游城市生态安全系统评价指标体系。该指标体系包含驱动力、压力、状态、影响、响应五个维度，共计 45 个具体评价指标。

第四章
旅游城市生态安全系统评价方法

在第三章的研究过程中,本书将旅游城市生态安全系统解析为系统要素、要素间关系两个核心组件,界定两个核心组件的概念内涵及其外延,实现对旅游城市生态安全系统的梳理界定,为后续的评价研究架构系统的理论框架。在此,本章延续了系统解析的基本思想,从"要素间关系"的数量化研究到"要素间关系约束"评价模型的构建,形成了层层递进的旅游城市生态安全系统的评价方法。

第一节 旅游城市生态安全系统评价的基本思路

旅游城市生态安全系统既包含社会、经济、旅游产业及自然环境等各维度的系统要素,又体现系统要素间的关联性,描述了物质、能量的传递及转化过程,表明了生态安全系统内持续的、系统的运行过程。换句话说,生态安全系统是由各个系统要素按照一定的作用关系有机组合而成的。系统要素间的作用关系是生态安全系统的重要组成部分,描述了系统要素间的组合方式,影响系统要素间的结构框架,决定着生态安全系统的综合状况及实现功能的能力。因此,如何认知生态安全系统要素间的关系,将其作为架构生态安全系统的基本组成部分,探析系统内部要素间的运行过程;如何对生态安全系统要素间关系进行数量化分析,将要素间关系的研究成果应用到系统评价研究中,实现真正意义上的系统要素整合作

旅游城市生态安全系统评价研究

为目前生态安全系统研究中的新领域，也成为突破生态安全系统评价传统研究范式，提升生态安全系统评价研究成果科学性的有效路径。鉴于此，生态安全系统评价研究应重视系统要素间关系的影响作用，厘清系统要素间的作用关系，将系统要素架构在要素间关系上进行系统综合，从"要素间关系约束"的研究视角将系统要素的状况进行整合，提升评价研究的科学性、契合性。

同时，生态安全系统包含经济子系统、社会子系统及自然生态子系统，覆盖了种类多样、数量繁多的系统要素。而这些系统要素之间往往有物质、能量的交互作用，形成了多元化的作用关系，进而难以对要素间的作用关系一一识别。因此，如何对生态安全系统要素间的作用关系进行归纳、提炼，将多元化的作用关系归纳成有限的、综合性的作用关系，是对生态安全系统要素间作用关系进行数量化研究的关键。而生态安全的概念模型正是对现实生态安全系统的抽象、组织，将系统要素间关系抽象为几个作用关系，为复杂的生态安全系统梳理出一个简化的、清晰的研究框架。鉴于此，本书沿用 DPSIR 概念模型提出的要素关系框架，提出了要素间作用关系的初始假设，并对各组作用关系进行数量化分析，从而为后续的生态安全系统评价研究奠定基础。

综上所述，本书强调旅游城市生态安全系统要素间作用关系研究的重要性，对旅游城市生态安全系统要素间的作用关系进行验证及测度，旨在采用要素间作用关系将系统要素进行架构、整合，构建出层层递进的旅游城市生态安全系统的评价模型。具体的模型构建思路如下。

首先，旅游城市生态安全系统要素间关系的数量化研究。该部分主要分为两个步骤：一是要素间作用关系的测度研究。研究以 DPSIR 概念模型为基础，将其作为旅游城市生态安全系统的基本框架，把生态安全系统要素间的作用关系界定为七组因果关系，将系统要素间的作用关系界定为因果关系，并将因果关系研究的常规模型——结构方程模型引入生态安全系统要素间关系的研究中，拓展了生态安全系统要素间作用关系的研究视野，实现对旅游城市生态安全系统要素间作用关系的数量化测度，辨析旅游城市生态安全系统要素间的作用路径及影响力度，描述生态安全系统内物质、能量交互的状况。二是要素间作用关系的评价研究。本书引入生态网络的研究方法，将各个要素间的作用关系串联起来，放置在一个综合、系统的生态网络中，采用生态网络的评价指标对生态安全系统要素间的作用关系进行综合评价，从而评价了系统要素间关系的综合状况及系统的功能实现能力。

其次，基于要素间关系约束的旅游城市生态安全系统评价研究。由于 DPSIR 概念模型将旅游城市生态安全系统结构描述成一个复合的作用体系，要素间的作用关系层层递进。每一条作用路径表明了旅游城市生态安全系统运行过程中的子过程，反映出要素间物质、能量的流动、转化状况。鉴于此，本书引入了网络 DEA 模型，将各个要素间的作用关系作为生态安全系统运行中的子过程，建立各子过程间的影响作用，对旅游城市生态安全系统进行综合评价。同时，本书将上述研究中提出的旅游城市生态安全系统要素间的数量化关系引入网络 DEA 模型中，依据验证过的旅游城市 DPSIR 模型框架构建该模型的网络结构，采用各个作用路径的影响力度设定网络节点的权重，从而形成了"要素间关系研究"与"旅游城市生态安全系统评价"的紧密结合，实现旅游城市生态安全系统的综合评价。

第二节 旅游城市生态安全系统要素间关系数量化的研究方法

一、旅游城市生态安全系统要素间数量化关系的测度方法

(一) 要素间关系的研究视角

由于事物间关系的研究视角存在差异性，导致事物间的"关

系"研究呈现出不同的思路、范式。因此,根据具体的研究目的及研究对象,需要先明确"关系"的研究视角,从而确立后续研究的核心理念及研究基调。因果关系是从"原因—结果"的视角界定客观世界上普遍联系的事件,这些事件构成了先后相继、彼此制约的一对关系范畴。原因是指,引起一定现象的前置因素,结果是指,由于原因的作用而引起的现象。

20世纪以来,学者们将因果关系研究视为社会科学研究中经典的关系类型,用以探索社会变量、经济变量之间的作用方向和具体形式。在目前的研究中,常用的因果关系推断模型为因果网模型、虚拟事实模型两种:一是因果网模型是一个定性的模型,需要具体领域的专家根据研究对象的实际背景建立,主要是根据定性的因果关系假设建立起来的,采用有向箭头表示直接的因果关系,且每一组直接的因果关系都有清晰的界定。二是虚拟事实模型属于定量模型,将每一个因素定义为一个潜在的反应变量,将因果关系界定为两个潜在的反应变量的差异。比较来看,虚拟事实模型建立在一些公认的假设条件下,对原因因素、结果因素进行界定、测度,进而对因果关系进行细致、精确地刻画。然而,在多元化的世界中,大多变量是难以观测、量化的。因此,虚拟事实模型使用起来较为困难,适用范围较为狭窄。相对而言,因果网模型的推断方法较为简单、宽松,能够广泛地设定关系变量,刻画控制变量对结果变量的影响程度。因此,因果网模型可以作为定性研究与定量研究中的桥梁,推动理论研究的成果向数量化研究范式转化。

DPSIR概念模型是采用因果网模型对生态安全系统内部的因果关系进行推断的,从"因果关系"的视角揭示生态安全系统内的作用过程,实现对生态安全系统内部作用关系的界定。1999年,欧洲环境署编制的环境要素:类型和概述(environmental indicators: typology and overview)报告中明确界定了DPSIR概念模型,对驱动力、压力、状态、影响、响应五个要素进行解析,并将五个要素间的作用关系定义为"因果关系"(causal relationship)。在此基础上,学者们延续了该报告的基础理论，采用因果关系的视角对生态安全系统内部的作用关系进行定性描述，对生态安全系统内部的要素进行架构与综合。

尽管目前的研究倾向于将 DPSIR 概念模型作为构建生态安全评价指标体系的逻辑框架，对其要素间作用关系的研究仅停留在定性描述上。然而，这样的研究已经培育了生态安全系统要素间关系研究的萌芽，推广了系统要素间因果关系的研究假设，开拓了系统要素间关系研究的有效路径。鉴于此，本书依据 DPSIR 概念模型的基础理论，从因果关系的研究视角界定生态安全系统要素间的关系，并引入结构方程模型对概念模型内部因果关系进行验证、测度，将定性的、笼统的概念模型转化为定量的、有针对性的研究成果。从而实现使该概念模型能够更好地适用于特定的生态安全系统，更加贴切地描述生态安全系统的运行过程。

（二）要素间关系假设的提出

依据欧洲环境署 1999 年的报告环境要素：类型和概述（*Environmental Indicators：Typology and Overview*）所表述的 DPSIR 模型为基础，本书构建了旅游城市生态系统基本框架，并提炼了七组要素间的因果关系。具体研究假设如下所示。

1. 驱动力要素的影响作用

驱动力要素是用以描述经济部门、经济体制、人口社会体制等方面的综合特征。欧洲环境署提到驱动力要素是人类社会为了自身的进步及发展，对自然资源进行占用、消耗，进而引起生态环境的改变。他们采用 emission、reflect、discharge 等词汇描述驱动力对压力的影响作用。中文文献基本认同了国外的驱动力对压力影响作用的表述，指出人类活动（驱动力）导致压力（排放、资源使用和土地利用），采用产生、引起等词汇描述两者之间的作用。总之，驱动力因素作为产生压力因素的直接原因，对其起到了正向的影响作用。综上所述，本书提出如下假设：

H1：旅游城市生态安全系统驱动力要素对压力要素起到正向影响作用。

2. 压力要素的影响作用

根据 2005 年欧洲环境署的研究报告，压力要素是用来反映经济社会发展过程中污染物的排放强度及物资能源的消耗状况。中外文文献普遍认为，压力要素引发了生态环境的变化，对人类社会起到危害作用，往往采用 change、harm、diminish、damage、危害、改变等词汇描述两者之间的关系。高波和王暖等（2011）结合不同的研究目标，从化学物危害、气候变化、水资源污染及能源消耗等方面选取有针对性的评价指标，选取多元的指标描述了压力因素对生态环境的危害作用。综上所述，本书提出如下假设：

H2：旅游城市生态安全系统压力要素对状态要素起到负向影响作用。

3. 状态要素的影响作用

状态要素定义为在生态系统中物理现象、化学要素、自然资源等方面数量、质量的综合状况，主要包含区域内生态环境的综合特征（如温度、水资源状况、CO_2排放量等）、具体研究对象的生态环境状况（如生物脆弱性、鱼类存量等方面）。同时，影响要素是综合表明了状态要素变化之后，生态环境会对人类健康、能源利用、产业发展等方面引起的冲击、改变。如果生态安全系统的状态逐渐优化，那么，必将有助于人类身心健康，增强人类社会的可持续发展能力。相对而言，当生态安全系统状态逐渐恶化的时候，必然会对经济系统、社会系统产生危害。总之，界定状态要素对影响要素的作用过程，需要依据具体的研究问题、生态环境的现状、生态安全系统的发展阶段等方面的分析。本书以旅游城市生态安全系统作为研究对象，由于旅游产业的特殊性，生态环境作为旅游产业的基础资源，显著影响旅游城市和旅游产业的可持续发展能力。因此，本书提出的状态要素对影响要素起到了显著的影响作用。然而，该作用为正向拉动作用还是负向削弱作用，需要根据当前旅游城市生态安全系统的基本状况，有待进一步测度评价。综上所述，本书提出如下假设：

H3：旅游城市生态安全系统状态要素对影响要素产生影响作用。

H3a：旅游城市生态安全系统状态要素对影响要素起到正向影响作用。

H3b：旅游城市生态安全系统状态要素对影响要素起到负向影响作用。

4. 影响要素的影响作用

影响（impact）的内涵在不同的研究领域或不同研究目的下呈现出较大的差异，既包括非生命体的自然因素（如水体、大气、土壤等）的变化引起的影响作用，也包含环境功能的变化对人类社会的影响作用，包含资源供应能力、水与空气质量状况、自然环境维护能力等方面。该要素作为生态环境与人类生产生活的关联节点，是生态系统服务能力与人类需求的桥梁。在生态安全系统中，该要素能够有效地拉动响应措施的推进及实施，激励人类社会应对生态环境问题，提升环境保护意识，改善自身的生存发展质量。由此，本书提出如下假设：

H4：旅游城市生态安全系统影响要素对响应要素起到正向影响作用。

5. 响应要素的影响作用

响应要素旨在综合描述政府机构（或社会各级组织）所采取的防止、补偿、改善或者适应生态环境变化的策略，主要涵盖了环境保护、减轻环境污染等方面的措施，也要反映各种政策措施的综合结果。由于响应要素包含了类型丰富、功能多样的策略措施，其对生态安全系统的作用也呈现出多元化。首先，博斯等（2003）、佩里斯（2005）指出，响应要素推动（promote）了人类社会的发展，改善（redirect）了人类社会消费及生产的方式，对驱动力要素起到正向的推动作用。其次，欧洲环境署（2007）指出，响应措施能够预防（prevention）、缓解（mitigate）污染物危害及能源危机，对压力要素起到负向作用。最后，响应措施也涵盖了对生态环境进行修复、保护的相关措施，重视对生态环境的维护能力（maintain），增强人类社会的适应能力（accommodate），反映该要素对状态因素起到正向作用。综上所述，本书提出如下假设：

H5：旅游城市生态安全系统响应要素对驱动力要素起到正向影响作用。

H6：旅游城市生态安全系统响应要素对压力要素起到负向影响作用。

H7：旅游城市生态安全系统响应要素对状态要素起到正向影响作用。

综上所述，生态安全领域已经提出了系统要素间作用关系的研究表述，梳理了系统内部的框架结构，搭建起生态安全系统研究的理论体系。在上述研究的基础上，本书采用 DPSIR 概念模型作为旅游城市生态安全系统的基本框架结构，引入因果关系的研究视角，将系统要素间的作用关系凝练成七组因果关系的研究假设，如图 4-1 所示。

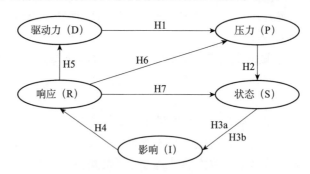

图 4-1　旅游城市生态安全系统的因果关系假设

资料来源：作者依据 DPSIR 概念模型提出的 7 组研究假设绘制而得。

（三）要素间关系测度的模型与方法

生态安全研究领域急需对系统要素间的作用关系进行分析、测度，梳理要素间的数量化关系，进而构建有针对性的、有特色的生态安全系统框架。然而，现有生态安全系统要素间关系的研究比较匮乏，难以提供科学、有价值的研究方法。在此，本书将因果关系研究的常规模型——结构方程模型引入生态安全系统要素间关系的研究中，对旅游城市生态安全系统内的因果关系进行验证与测度，拓展了生态安全系统要素间关系的研究思路，理顺旅游城市生态安全系统的框架和内部结构。

1. 结构方程的建模方法

结构方程模型（structural equation modeling，SEM）是社会科学研究中一个重要的研究方法，是一种常用的、主要的线性统计建模技术。结构方程模型在统计研究领域有很高的声誉，被称为"第二多元分析统计方法"。该方法建立在多种统计分析方法的基础上，综合了多元回归、因子分析、路径分析等统计方法。20世纪80年代以来，结构方程模型逐渐成熟，弥补了传统统计方法的不足，业已成为多元数据分析的重要工具。在国内，结构方程模型的理论研究及实践应用开始于21世纪之初，对其基本原理的研究较少，主要集中在实证应用方面。

在结构方程模型中，主要分为两种变量类型：一是潜变量（latent variable），是指在社会科学研究领域，很难直接、准确地测度的变量。二是观测变量（observable indicators），可以直接观测、估算的外显指标。通过使用一些观测变量对潜变量进行估算评价。结构方程模型计算过程的本质，实际上是联立方程组求解，并允许方程组中的自变量、因变量存在一定的测量误差（measurement errors）。结构方程模型有两种基本模型，测量模型和结构模型。测量模型包含观测变量和潜变量。式（4-1）为测量模型的计算公式，反映了观测变量对潜变量的表达关系；结构模型是对潜在变量间的因果关系模型的架构说明。式（4-2）为结构模型的计算公式，描述了潜变量之间的因果关系。

$$x = \Lambda_x \xi + \delta; \quad y = \Lambda_y \eta + \varepsilon \qquad (4-1)$$

在式（4-1）中，x 为外生观测变量向量，y 为内生潜变量向量，Λ_x 为外生观测变量与外生潜变量上的因子载荷矩阵，Λ_y 是内生观测变量在内生潜变量上的因子载荷矩阵，δ、ε 为误差项。

$$\eta = B\eta + \Gamma\xi + \zeta \qquad (4-2)$$

在式（4-2）中，η 为内生潜变量；ξ 为外源潜变量；B 为内生潜变量之间的关系；Γ 为外源潜变量对内生潜变量的影响；ζ 为方程误差项。

常见的结构方程建模方法有两种：一是基于协方差矩阵的建模方法（linear structural relationship，LISREL）。该方法是通过拟合模型估计协方差，构造了一个模型估计协方差与样本协方差的拟合函数，之后通过迭代方法，得到拟合函数值最优的参数估计。二是基于偏小二乘法为基础的路径建模方法（partial least square，PLS），是构造一组能够实现最小化误差的平方和的拟合函数，将主成分分析与多元回归结合起来的迭代估计，对不同潜变量的观测变量子集抽取主成分，放在回归模型系统中使用，然后，调整主成分权数，以实现最大化模型的预测能力。实际上，两种方法分别适用于不同的样本限定条件和研究需要。本书选取偏小二乘法，作为结构方程模型的建模方法。

2. 偏小二乘法建模方法及检验方法

偏小二乘法（partial least square，PLS）建模方法是结构方程建模方法中的重要分支，是将主成分分析与多元回归结合起来的迭代估计。由于对数据的分布状态性、样本容量、模型的识别条件等方面相对宽松，被称为软建模方法。

（1）本书中偏小二乘法的适用性。

在 DPSIR 概念模型的基础框架下，本书构建了中国旅游城市生态安全系统的因果关系模型，并对模型内部的因果关系路径进行检验，测度出因果关系作用系数。本书选择偏小二乘法的结构方程建模方法，主要是基于四个原因。

第一，该建模方法侧重于通过观测变量对潜变量的预测，而不是侧重于结构模型的参数估计值的大小，有利于测度潜变量的最优预测值。

第二，该建模方法是有偏的估算方法，适用于数据有偏分布的情况，不需要对数据进行严格假定，有利于测度潜变量的最优预测值。本书的研究数据主要来自各种统计年鉴，呈现出有偏分布的状态，不完全符合正态分布。

第三，该建模方法适用于小样本的研究。偏小二乘法是一种有限信息估计方法，所需要的样本量比完全信息估计方法 LISREL 小得多。本书的实证数据主要通过统计数据进行收集。考虑到研究数据的可获取性及评价指标的适用性，本书无法像问卷调研一样建立较大数量的样本库，而只能选取数量较少的研究对象。因此，本书更适用于偏小二乘法。

第四，该建模方法能够较为准确地测度潜变量的得分状况。结构方程模型中的潜变量得分，是各个观测变量的最佳线性组合的合计总值。偏小二乘法建模方法在参数估计过程中能够直接计算潜变量得分，得到确定的估算结构。

综上所述，本书以 DPSIR 概念模型为基础，构建旅游城市生态安全系统的结构模型，辨析各个潜变量下的观测变量，设计潜变量之间的作用关系，从而对生态安全系统状况进行综合研究。因此，根据本书的研究目的及研究设计，比较适宜选择偏小二乘法建模方法。同时，旅游城市生态安全系统的研究刚刚起步，其理论体系尚不完善。并且，生态安全系统内部的因果关系研究仍相对匮乏，各种变量之间的作用关系尚不明确。偏小二乘法更适用于探索性的因果关系研究。

（2）偏小二乘法的建模步骤。

赫尔曼·沃德（Herman Wold，1981）提出了偏小二乘法建模方法，将主成分分析与多元回归结合，形成了具有潜变量路径模型的建模方法。该方法通过对各个潜变量的观测变量子集合进行主成分提取，使其进入回归模型系统，进而通过调整主成分的权数，以使模型的预测能力最大化。具体的参数估计迭代算法的步骤如下。

步骤 1：观测变量中心化。每一个观测变量 x_{ij}、y_{ij} 均有观测值，即：$X_{ij} = (X_{ij1}, \cdots, X_{ijn})$、$Y_{ij} = (Y_{ij1}, \cdots, Y_{ijn})$。通过观测变量的中心化，使得 $E(X_{ij}) = E(Y_{ij}) = 0$。

步骤 2：外部近似，即生成内生变量的为外部估计值。内生变量的外部估计值，可以由相应的观测变量加权求得。

$$X_i^{t+1} = f_i^{t+1} \sum_{j=1} (\omega_{ij}^t \times x_{ij})$$

$$Y_i^{t+1} = g_i^{t+1} \sum_{j=1} (\omega_i^{*t} \times y_{ij})$$

其中，X_i^{t+1}、Y_i^{t+1} 分别为内生变量第 t 次迭代后的外部估计向量值；ω_{ij}^t、ω_{ij}^{*t} 为观测变量的权重；f_i^{t+1}、g_i^{t+1} 为标量，使得 X_i^{t+1}、Y_i^{t+1} 方差为 1。t 为迭代标记。

步骤 3：内部近似，即生成内生变量的为内部估计值。定义相邻内生变量是指，在路径图中与其他内生变量具有路径联系的内生变量。令 α（下标）代表相邻内生变量，则内生变量的内在估计值为：

$$\xi_i^{t+1} = f_i^{*t+1} \sum_{\alpha} (\theta_{i\alpha}^{t+1} \times X_\alpha^{t+1} + \lambda_{i\alpha}^{t+1} \times Y_\alpha^{t+1})$$

$$\eta_i^{t+1} = g_i^{*t+1} \sum_{\alpha} (\theta_{i\alpha}^{*t+1} \times X_\alpha^{t+1} + \lambda_{i\alpha}^{*t+1} \times Y_\alpha^{t+1})$$

其中，ξ_i^{t+1}、η_i^{t+1} 为内生变量第 t 次迭代后的内部估计向量值；$\theta_{i\alpha}^{t+1}$、$\theta_{i\alpha}^{*t+1}$、$\lambda_{i\alpha}^{t+1}$、$\lambda_{i\alpha}^{*t+1}$ 为内生变量的内部权重值；f_i^{*t+1}、g_i^{*t+1} 为标量，使得 ξ_i^{t+1}、η_i^{t+1} 方差为 1。t 为迭代标记。

步骤 4：权重估计。模型的结构不同，其权重估计方法也不相同，分为反映型模型、构成型模型。反映型模型的权重，为观测变量的因子载荷；构成型模型的权重，为观测变量的回归系数。这些权重需要进行下一轮迭代，直到满足迭代结束条件。

反映型模型权重估算：$X_i^{t+1} = \omega_{ij}^{t+1} \times \xi_i^{t+1} + \xi_{ij}^{t+1}$

$$Y_i^{t+1} = \omega_{ij}^{t+1} \times \eta_i^{t+1} + \xi_{ij}^{t+1}$$

构成型模型权重估算：$\xi_i^{t+1} = \sum_j (\omega_{ij}^{t+1} \times x_i^{t+1}) + \delta_i^{t+1}$

步骤 5：迭代结束条件。当一轮估算结束时（包括外部近似值、内部近似值及权重估计），需要判断是否满足迭代结束条件。常用的迭代结束条件为：

$$\left| \omega_{ij}^t - \omega_{ij}^{t+1} \right| < 10^{-5} \text{ 与 } \left| \omega_{ij}^{*t} - \omega_{ij}^{*t+1} \right| < 10^{-5}$$

$$\text{或者 } \left| \frac{\omega_{ij}^t - \omega_{ij}^{t+1}}{\omega_{ij}^t} \right| < 10^{-5} \text{ 与 } \left| \frac{\omega_{ij}^{*t} - \omega_{ij}^{*t+1}}{\omega_{ij}^{*t}} \right| < 10^{-5}$$

步骤6：估算内生变量的值。根据迭代后的权重（ω_{ij}^T或者 ω_{ij}^{*T}），计算每一个内生变量对应的向量值。

$$\xi_i^T = \sum_{j=1} \left(\omega_{ij}^T \times x_{ij} \right)$$
$$\eta_i^T = \sum_{j=1} \left(\omega_{ij}^{*T} \times y_{ij} \right)$$

步骤7：计算载荷系数及路径系数。利用步骤6计算得到的内生变量值及已知的观测变量值，采用偏小二乘法进行回归拟合，估算出载荷系数及路径系数。

（3）偏最小二乘法的检验方法。

结构方程模型是一个相对复杂的框架结构，既包含多样化的观测指标，也包含各个潜变量之间的作用关系。因此，结构方程模型的检验及评价需要多种检验方式，主要分为测量模型检验、结构模型检验两部分。由于偏小二乘法作为结构方程的常用建模方法，因此，结构方程模型的检验方法同样适用于偏小二乘法的建模方法。

①测量模型的检验是测度观测变量与潜变量之间的关系，一般采用结构信度检验、结构效度检验。

一是结构信度检验。结构信度是采取同样的方法对同一对象重复进行测量时，其所得结果一致的程度。其信度系数越高，代表观测项指标反映的内容越一致、稳定与可靠。Cronbach`a 作为最常用的衡量指标，一般要求 a 的数值大于0.6。然而，Cronbach`a 是假设各个观测变量指标受潜变量影响力度相等、彼此误差间不能相关，这种研究假设与现实状况不符。因此，后续研究者发展了信度测度的方法，构建了组合信度（composite reliability，CR）克服了 Cronbach`a 测度的缺陷，通常要求 CR 的数值大于0.7，如式（4-3）所示。

$$CR_i = \frac{(\sum\limits_{h=1}^{P_j} \lambda_{jh})^2}{(\sum\limits_{h=1}^{P_j} \lambda_{jh})^2 + (\sum\limits_{h=1}^{P_j} \theta_{jh})^2} \qquad (4-3)$$

在式（4-3）中，λ_{jh} 为第 j 个因子中第 h 个指标的因子载荷，θ_{jh} 为第 j 个因子中第 h 个指标的测度误差。

二是结构效度检验。结构效度是指，观测指标能够准确地反映其所要考察内容的程度。测量结果与要考察的内容越吻合，则效度越高；反之，则效度越低。常采用的效度类型有内容效度（content validity）、判别效度（discriminant validity）。内容效度，也称为逻辑效度，是指由研究者主观判断一个测量是否清晰而全面地覆盖了要考察的概念的所有维度。其检验要求每个因子的平均提取方差值（AVE）的临界值大于0.5，如式（4-4）所示；判别效度检验要求因子的 AVE 值的平方根大于该因子与其他因子的相关系数，通过判别矩阵表示。

$$AVE_i = \frac{\sum\limits_{h=1}^{P_j} \lambda^2{}_{jh}}{\sum\limits_{h=1}^{P_j} \lambda^2{}_{jh} + \sum\limits_{h=1}^{P_j} \theta^2{}_{jh}} \qquad (4-4)$$

在式（4-4）中，λ_{jh} 为第 j 个因子中第 h 个指标的因子载荷，θ_{jh} 为第 j 个因子中第 h 个指标的测度误差。

②结构模型检验旨在测试一个因子与相对应的测度项之间的关系是否符合研究者所设计的理论关系，验证研究问题的理论假设，考虑整个模型的拟合程度，一般采用模型总体检验、路径检验的方法。

一是模型的总体检验。模型的总体检验是测度理论模型与实际数据表现规律的拟合优劣程度。常采用拟合优度（R^2）对于模型预测能力进行评价，反映了内生潜变量模型能够被前面潜变量解释的能力，如式4-5所示。目前，尚没有对拟合优度设定具体的限值，需结合理论模型的研究目的及实践应用对可接受的 R^2 数值进行设定。

$$R_i^2 = \frac{\sum (Y_i{}^\wedge - \bar{Y})^2}{\sum (Y_i - \bar{Y})^2} \qquad (4-5)$$

在式（4-5）中，$Y_i{}^\wedge$ 为因子的预测值，$\bar{Y}$ 为因子的平均值，Y_i 为因子的实际数值。

二是路径分析。与传统的回归分析不同，结构方程构建了一个复杂的因子结构。路径分析旨在分析结构模型中设定的复杂的因果关系，综合地研究每一个潜变量与其相关的观测变量集合之间的关系。常采用 t 检验、F 值检验的方法，测度因果关系路径的显著程度及作用力度。

二、旅游城市生态安全系统要素间数量化关系的评价方法

在旅游城市生态安全系统要素间数量化关系测度的研究步骤中，本书对每一条要素间的作用关系进行验证测度，梳理要素间的作用路径，识别要素间的影响力度。然而，该研究步骤是将生态安全系统要素间的关系分别进行检验、测度，尚未对系统要素间关系进行有效整合，尚未形成对整个生态安全系统要素间关系的综合评价。鉴于此，本书引入生态网络的研究方法，将各个要素间的作用关系放置于一个综合的生态网络中，综合探讨系统要素间关系的综合状况及系统的功能实现能力。

（一）要素间关系评价的研究假设

由于本书是以 DPSIR 概念模型为理论框架，归纳出旅游城市生态安全系统要素间关系，并对各个作用关系进行验证、测度。因此，在采用生态网络研究方法对要素间关系进行综合评价的过程中，本书需要将生态网络研究方法与 DPSIR 概念模型相结合，将 DPSIR 概念模型模拟成一个简化的生态网络，从而对要素间关系进行有效的综合评价及系统评价。一是 DPSIR 模型中的五个要素能够

模拟生态网络中的不同角色:"驱动力(D)"作为生态安全系统中环境变化及能源消耗的源头,在系统中扮演生产者的角色。"压力(P)"和"影响(I)"作为生态安全系统中物质、能量的传递环节,是系统内物质、能量的转换者。"状态(S)"反映了生态安全系统受到的影响及发展趋势,是系统中的消费者。"响应(R)"体现了生态安全系统中物质、能量的转化过程和耗散过程,是系统中的分解者。由于"响应(R)"对"驱动力(D)"具有较强的推动,并对"压力(P)"产生直接的正向作用,因而也扮演了部分生产者的角色。二是 DPSIR 概念模型要素间关系是采用"原因—结果"的研究视角,表明了生态安全系统内部先后相继、彼此制约的关系范畴,反映了生态安全系统中物质、能量的状态转化、流转传递。

为了使生态网络法有效地对 DPSIR 概念模型中的物质与流动网络、能量流动网络进行分析并方便测算,本节提出如下研究假设:第一,生态安全系统以 DPSIR 各要素为节点,以要素间物质、能量通道为连接渠道;第二,DPSIR 各要素之间物质、能量传递是连续的,物质、信息传递的连续流称为流量;第三,路径系数是各要素间关系的表达,代表不同量纲的物质、能量转移的综合数量;第四,各要素输入流的路径系数为正,输出流的路径系数为负;第五,要素之间物质、能量流动瞬间完成,传递路径上无损耗。

(二)要素间关系评价的模型及方法

生态网络分析方法是以分析生态系统内的作用关系,辨识系统内部属性与整体属性的一种有效的系统分析方法。20 世纪 70 年代,汉农(Hannon 2001)与里昂惕夫(Leontief,2001)引入经济学"输入—输出"的基本思想,对生态系统中物质、能量流动进行描述,构建了生态网络研究方法的基本框架。1975 年,沃辛顿(Worthington)指出,生态网络作为一种系统分析方法,是探讨生态系统规律性的有效方法。1976 年,派特(Pattern,1982)综合阐述了生态网络研究方法,标志着该研究方法的成熟。近年来,生态网络方法已经成为国内外研究生态系统的一个重要方法，广泛应用于经济系统、城市代谢系统、产业生态模式、景观生态等领域。针对生态网络的稳定性研究，博里特（Borrett，2007）、法思等（Fath et al.，2007）以生态系统物质与能量流动模型为基础，引入香农（Shannon）的信息理论，定义了生态系统的聚合度及冗余度等指标，测度生态系统的综合状况。

1. 生态网络物质、能量流动的数学表征

生态网络是描述生态物种间信息流动及交换的结构框架，由分室和路径组成。分室是生态系统中特定的功能单位，路径是分室间信息的传递通道。在生态网络中将所有的信息集合成为分室空间。路径则是分室间信息的传递通道。分室之间按照一定的路径系数传递信息，每个分室都通过输入路径和输出路径与其他分室连接。在单位时间 dt 内，信息流从分室 i 传递至分室 j，分室 j 的输入流 TIF_j 为从其他分室传递至分室 j 的信息流量总和，$TIF = \sum F_{ij}$。分室 j 的输出流 TOF_j 为从分室 j 传递至其他分室的信息流量总和，$TOF = \sum F_{ji}$。生态网络内信息总量为各个分室的输出信息量之和，即 $TST = \sum TOF$。分室 j 的生态网络信息传递公式为：

$$dx_j/dt = TIF_j - TOF_j \tag{4-6}$$

在式（4-6）中：x_j 为分室 j 内信息的现存浓度，为固定时间节点 t 的信息状态参数；dx_j/dt 为分室 j 的信息增长率。

2. 生态网络的评价指标

基于香农（Shannon）的信息理论，生态网络方法引入信道容量、系统聚合度及系统冗余度等指标对生态网络进行评析，其具体指标说明如下。

第一，信道容量。在生态网络分析中，物质、能量的流动途径为信道，信道所能传递的最大信息量称为信道容量。虽然生态安全系统内不同要素之间信息的输入量、输出量不一致，但要素之间交互的信息一定存在最大值，这个最大值即为信道容量。信道容量反映了生态安全系统对各相关要素的容纳能力及转化能力，信道容量越大，系统容纳及转化相关要素的能力越强。信道容量的测度公式为：

$$D = -\sum_{i=0}^{n} Q_i \log Q_i \qquad (4-7)$$

在式（4−7）中，Q_i 代表生态系统中要素 i 输出的流量占生态系统总流量的比率（$Q_i = TOF_i/TST$）。

第二，系统聚合度。生态系统中各要素间实际交换的物质、能量的总量称为系统聚合度。要素间信息交换的总量越大，则系统聚合度越高，表明系统内要素间相互依赖的程度越强，系统越稳定成熟。系统聚合度以系统中各要素间交互的信息量来表示。聚合度的测度公式为：

$$A = -\sum_{i=0}^{n} \sum_{j=0}^{n} Q_i f_{ij} \log \left(f_{ij} / \sum_{i=0}^{n} f_{ij} Q_i \right) \qquad (4-8)$$

在式（4−8）中，f_{ij} 为生态系统中要素 i 到要素 j 的信息转移比例，$f_{ij} = F_{ij}/TOF_i$。

第三，系统冗余度。生态系统对干扰的缓冲能力称为系统冗余度，反映了系统中物质、能量流动路径的可选择性。系统冗余度越大，表示生态安全系统中物质、能量流动路径的空间越大，系统抗干扰的缓冲能力越强。系统冗余度 R 通常用信道容量与系统聚合度的差值表示，见式（4−9）。

$$R = D - A \qquad (4-9)$$

第四，本节将上述三个评价指标综合起来，采用 A/D、R/D 两个比值对生态安全系统的发育程度进行辨析。A/D 表示系统使用率，R/D 表示系统空闲率。随着生态系统的发育逐渐成熟，系统的使用率会逐渐增加，而网络空闲率则会逐渐下降。

第三节　旅游城市生态安全系统综合评价的研究方法

一、要素间数量化关系与系统评价的结合

依据要素间关系的测度及评价研究，本书对要素间的作用关系

进行了数量化研究，测度了要素间的影响作用，从而将旅游城市生态安全系统定性、主观的描述转变为定量的、客观的研究方式，梳理出生态安全系统的作用关系。然而，这个研究步骤仍然是将旅游生态安全系统划分为七组独立的作用路径，尚未能将各个要素间的影响作用进行有效整合。同时，要素间的作用关系作为生态安全系统的演化步骤，其功能作用应该面向整个生态安全系统，需要放置在一个完整、系统的作用关系中进行分析评价。因此，如何将要素间作用关系进行有效整合，构成一个完整的生态安全系统，从而对整个生态安全系统的作用过程进行分析评价成为本章的研究要点。

本章从"投入—产出"的研究视角对旅游城市生态安全系统要素间的作用关系进行整合，将每个作用路径的前置要素作为投入变量，后置要素作为产出变量，测度前置要素的状态变化对后置要素的影响作用，表征生态安全系统要素间物质、能量的交互状况，构建一个动态的、综合的生态安全系统的框架结构。这样的研究理念不再依赖系统要素的数量化优劣对生态安全系统进行评价，而是强调系统要素间作用关系的重要性，将系统要素间的作用关系视为每个要素实现功能作用的有效路径，并将各个功能路径进行梳理整合，从功能搭配、效用实现的角度对生态安全系统进行综合评价。

鉴于此，本章引入网络 DEA 模型作为核心的系统综合评价模型，采用网络化的框架结构对要素间关系进行有机整合，并采用要素间的数量化关系对系统的综合评价模型进行指导约束，实现了要素间关系的评价结果与旅游城市生态安全系统综合评价的紧密结合，构建要素间关系约束的旅游城市生态安全系统综合评价模型，形成了要素间关系约束的生态安全系统评价的研究范式。一是将验证过的要素间作用关系作为网络 DEA 模型的网络节点，构建网络 DEA 模型的框架结构，对旅游城市生态安全系统内部的运行状况进行解析、描述。二是将每个网络节点所包含的作用关系的影响力度进行综合，辨析每个网络节点的重要程度，作为网络 DEA 模型的节点权重。

二、旅游城市生态安全系统综合评价的模型及方法

(一) 网络 DEA 模型简述

1978 年，查恩斯·A. 与库珀·W. W.（Charnes A. and Cooper W. W.）提出了数据包络分析法（data envelopment analysis，DEA），用来评价可比性决策单元（DMU）的相对有效性。传统 DEA 研究方法是将"投入—产出"系统作为一个黑箱，测度最初投入、最终产出之间的效率值。假设决策单元系统中包含子系统 D1、D2、D3、D4、D5、D6，则初始的 DEA 研究将整个系统看作一个整体的黑箱，整个决策单元的投入和产出进行合并处理，只留下最初的投入和最终的产出。这样的研究范式简单机械地合并为各个子系统，忽略了系统中的内部结构及作用过程：即忽略了 D1、D2、D3、D4、D5、D6 的相互作用，其假设为系统在物质、能量传递的过程不发生损失与补充，所有的投入资源都通过整个系统的产出。

随着 DEA 方法论研究的不断深入，研究对效率的评价提出了更高要求，要求深入决策单元的系统内部，影响系统效率的症结所在。因此，如何打开黑箱，增加对系统子过程的考量，探讨系统要素间的相互作用关系，成为 DEA 研究的热点问题及前沿问题。网络 DEA 模型为该问题提出了解决方法。1996 年，法尔和格罗斯科普夫（Fare and Grosskopf）将黑箱定义为一系列子单元，而子单元之间存在相互的投入行为、产出行为，影响系统的整体效率。2000年，他们正式提出了网络 DEA 的概念，并构建了三种不同的网络 DEA 模型，开创网络 DEA 方法的基础理论。近年来，研究者提出了不同的网络 DEA 方法。如托恩等（2014）建立了 SBM 模型研究网络 DEA 理论，得到网络 DEA 的整体有效、当且仅当每个子部门有效的结论。魏权龄（2010）针对多阶段网络结构，提出了一个新的网络 DEA 模型—链式网络模型。张良等（2006）对生产过程中的

投入产出指标进行定位,构建了多阶段的网络 DEA 模型,测定整个系统的综合绩效。毕功兵等(2007)提出了中间变量不变的研究假设,采用第一阶段的最小输入变量与第二阶段的最大输出变量构建网络 DEA 模型,探讨生产系统的前沿面。近年来,网络 DEA 的研究,得到了广泛的开展,取得了诸多研究成果。网络 DEA 方法将简单的 DEA 黑箱结构,拓展到认知黑箱内部关联的阶段,将黑箱内部进行分块分子系统、描述其子系统间的相互联系。然而,网络 DEA 研究方法仍处于起步阶段,还不能进行较复杂、系统的效率评价,同时,网络 DEA 研究大多处于理论探索、模型构建阶段,其实证应用的研究仍然匮乏。

综合来看,网络 DEA 模型是通过对系统过程进行分解,打开系统内部的运行过程,对无效率的决策原因进行准确定位,进而提供更加细致、更有针对性的策略建议。网络 DEA 模型的过程分解,是将综合的系统过程分解为各个子系统。各个子系统的输入变量为上一个阶段子系统的输出变量,或者为系统外生输入变量;各个子系统的输出变量可以为其他子系统的输入变量,也可以为最终输出变量。网络 DEA 模型能够包含多种相互关联的子系统(子系统的关联处称为节点),常见的子系统的关联状况为网络状,如图 4 - 2 所示;以及链状,如图 4 - 3 所示。

(二)网络 DEA 模型评价方法

1. 单阶段模型评价方法

查恩斯和库珀(Chame and Cooper)最早提出了单阶段 DEA 模型,作为对多投入、多产出的多个决策单元效率进行评价的方法。该模型无须事先设定模型的具体形式和估计参数,避免了人为确定权重对测算结果的主观影响,因而在系统效率研究中得到了广泛应用。假设有 n 个决策单元(DMU),每个决策单元有 m 种类型投入变量,有 s 种类型产出变量。用 x_{ij} 表示第 j 个决策单

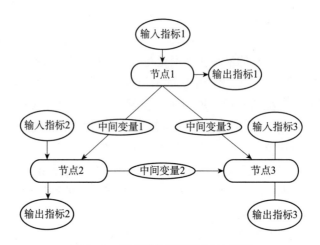

图4-2 网状结构的网络 DEA 模型

资料来源：张良，任柏明，冯英俊. 引入时间变量的数据包络分析模型［J］. 数学的实践与认识，2006（4）：29-33.

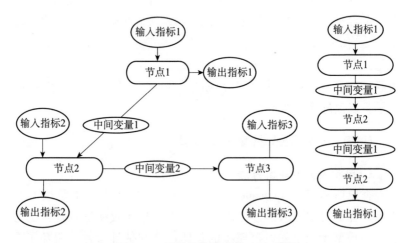

图4-3 链状结构的网络 DEA 模型

资料来源：毕功兵，梁樑，杨锋. 两阶段生产系统的 DEA 效率评价模型［J］. 中国管理科学，2007（2）：92-96.

元第 i 种输入的投入量，$x_{ij} > 0$；y_{rj} 表示第 j 个决策单元对第 r 种输出的产出量，$y_{rj} > 0$；并记为 $X_j = (x_{1j} \cdots x_{mj})^T$，$Y_j = (y_{1j} \cdots y_{mj})^T$。引入非阿基米德无穷小量 ε、投入松弛变量 S^- 和产出松弛变量 S^+ 后，第 j_0 个决策单元的相对效率评价模型的线性规划方程，见式（4 – 10）。

$$\begin{cases} \min[\,\theta - \varepsilon(\hat{1}^T S^- + 1^T S^+)] \\ \sum_{j=1}^{n} \lambda_j X_j + S^- = \theta X_{j0} \\ \sum_{j=1}^{n} \lambda_j Y_j - S^+ = Y_{j0} \\ \sum_{j=1}^{n} \lambda_i = 1 \\ \lambda_i \geq 0,\ j = 1,\ 2,\ \ldots,\ n \\ S^+ \geq 0,\ S^- \geq 0 \end{cases} \quad (4-10)$$

在式（4 – 10）中，j 为决策单元指标，$j = 1, 2, \cdots, n$；i 为投入指标，$i = 1, 2, \cdots, m$；λ 为第 j 个决策单元的权重。

2. 网络结构模型评价方法

设有 n 个决策单元，每个决策单元的系统内有 L 个阶段（$l = 1, 2, \cdots, L$），k 个节点（$k = 1, 2, \cdots, K$）。每个阶段由节点组成，满足 $l \leq k$。k_l 表示属于第 L 个阶段的第一个节点，该阶段的节点个数为 q_l，满足 $\sum_{l=1}^{L} q_l = K$。假定 m_k 和 r_k 表示第 k_l 个节点的输入变量、输出变量。(k, h) 表示 k 节点到 h 节点的链接路径。数据定义为，$\{x_j^k \in R^{m_k}\}$（x_j^k 为第 k 个节点的输入值）、$\{y_j^k \in R^k\}$（y_j^k 为第 k 个节点的输出值）、$\{z_j^{(k,h)} \in R^{t(k,h)}\}$（$z_j^{(k,h)}$ 为中间阶段的产品，$R^{t(k,h)}$ 为中间阶段产品的数量）。λ_l^k 为第 j 个决策单元、第 k 个节点的模型权重，ω^k 为第 k 个节点间权重参数，各阶段之间的权重参数均为 1，表示为 $\sum_{k=k_l}^{k_l+q_l} \omega^k = 1$。

假设 j 为决策单元指标，j = 1，2，…，n；i 为投入指标，i = 1，2，…，m；r 为产出指标，r = 1，2，…，s。对于第 j_0 个决策单元，其松弛变量为 $s_{j_0}^{k+}$ 与 $s_{j_0}^{k-}$。参照单阶段 DEA 模型，第 j_0 个决策单元的网络 DEA 模型的线性规划公式，见式（4 – 11）。

$$\theta = \min \frac{\sum\limits_{k=1}^{K} \omega^k \left[1 - \frac{1}{m_k} \left(\sum\limits_{i=1}^{m_k} \frac{s_{ij_0}^{k-}}{x_{ij_0}^{k}} \right) \right]}{\sum\limits_{k=1}^{K} \omega^k \left[1 + \frac{1}{r_k} \left(\sum\limits_{r=1}^{r_k} \frac{s_{rj_0}^{k+}}{x_{rj_0}^{k}} \right) \right]}$$

$$\begin{cases} x_j^k \lambda_j^k + s_{j_0}^{k-} = x_{j_0}^k \\ y_j^k \lambda_j^k - s_{j_0}^{k+} = y_{j_0}^k \\ z_{j_0}^{(k,h)} = z_j^{(k,h)} \lambda_j^k \\ \sum\limits_{k=k_1}^{k_1+q_1} \omega^k = 1, \ \omega^k > 0 \\ \lambda_i \geqslant 0, \ \theta \leqslant 1, \ S_j^{k+} \geqslant 0, \ S_j^{k-} \geqslant 0 \end{cases} \quad (4-11)$$

各个节点的效率评价值的计算公式，见式（4 – 12）。

$$\theta^{\cdot} = \frac{1 - \frac{1}{m_k} \left(\sum\limits_{i=1}^{m_k} \frac{s_{ij_0}^{k-*}}{x_{ij_0}^{k}} \right)}{1 + \frac{1}{r_k} \left(\sum\limits_{r=1}^{r_k} \frac{s_{rj_0}^{k+*}}{x_{rj_0}^{k}} \right)} \quad (4-12)$$

在式（4 – 15）中，$s_{ij_0}^{k-*}$ 与 $s_{rj_0}^{k+*}$ 为由上式优化模型计算得到的松弛变量。

（三）旅游城市生态安全系统网络 DEA 模型的构建

1. 旅游城市生态安全系统网络 DEA 模型的适用性

为了综合考量旅游城市生态安全系统要素间的作用关系，实现生态安全系统的综合评价，本书将网络 DEA 模型引入旅游城市生态安全系统评价研究中，采用投入—产出的研究视角对系统内部的

"因果链"进行有机整合，采用网络化的框架结构对各个作用节点进行有机整合，构建综合的系统框架结构，实现对旅游城市生态安全系统的科学描述。依据上述分析，研究选取网络 DEA 模型对旅游城市生态安全系统的效率进行评价，主要基于三个原因。

第一，网络 DEA 模型能够剖析决策单元系统内部的作用过程，将要素间作用关系设置为模型的网络节点，表明了系统运行过程的各个子过程，描述了系统内部的物质、能量交互状况。研究采用网络 DEA 模型，将旅游城市发展过程中对生态环境的干扰作用、对生态安全系统的管理作用进行细化分解，更加科学的对生态安全系统进行分析描述。

第二，在以往的生态安全系统评价中，研究者通过测度各个指标的权重，辨析各个指标的重要程度，忽略了生态安全系统内部要素的综合关联、作用过程，造成了系统要素间的人为割裂，使生态安全系统评价研究仍停留在静态的、孤立的研究视角。因此，本书采用网络 DEA 模型，打破了系统要素的限制，采用各条作用路径串联起各个独立的系统要素，对生态安全系统的要素状况、要素间作用力度进行有机整合，构建更加综合的、系统的生态安全评价模型。

第三，网络 DEA 的复杂结构、多阶段求解方法比单阶段 DEA 模型更充分地利用了指标信息。因此，网络 DEA 对于决策单元个数的要求没有单阶段 DEA 那么严格，能够采用较少数量的决策单元获取可靠的研究结论。模型对决策单元系统分解出的评价阶段越多，所需的决策单元数量越少。根据相关研究文献，网络 DEA 模型可以采用十个决策单元，甚至是六个决策单元进行计算（徐雅静，2006）。由于本书提出的旅游城市生态安全系统结构相对复杂，适合采用网络 DEA 模型评价旅游城市生态安全系统的综合状况。

2. 模型结构的设定

DPSIR 概念模型将生态安全系统分解为五个系统要素以及七组要素间的作用关系，完整、系统地描述了生态安全系统作用过程，为网络 DEA 模型的框架结构提供了理论依据。同时，该概念模型在要素提炼、作用过程梳理中，采取了两种截然不同的研究视角。一是 DPSIR 概念模型依据生态安全系统的事件发生顺序，梳理出生态安全系统的作用链条，将整个系统分解为驱动力、压力、状态、影响四个部分，反映了旅游城市的生产、生活对生态环境系统的依存关系及影响。这个作用链条表明了在不考虑生态安全管理能力的时候，生态安全系统的自然运行状态，作为构成生态安全系统的必要条件，表征了生态安全运行过程中的必然性。二是该概念模型引入响应要素，对人类社会对于生态安全系统的管理能力的综合汇总，反映了管理部门自主的、积极的反馈作用，从而实现生态安全系统中的信息反馈，将生态安全系统的"链式"作用路径转化为"闭合"的循环结构。

鉴于此，为与 DPSIR 概念模型的两种研究视角相对应，本书架构了两种模型结构对生态安全系统进行评价研究，将 DPSIR 概念模型分解为两个阶段：自然运行阶段和管理反馈阶段，分别构建了两个独立的网络 DEA 模型，研判旅游城市经济社会发展对生态环境的影响作用和旅游城市对生态安全系统的管理能力。

首先，自然运行阶段。该阶段包含"D—P""P—S""S—I"几条作用关系链，形成了"驱动力—压力—状态—影响"的链式作用框架，如图 4 - 4 所示。该阶段的作用链条包含三个网络节点，并将四个系统要素分布在三个网络节点之中，作为相应的投入指标、产出指标。其中，生产节点反映了旅游城市的经济社会发展、旅游产业发展引起的能源消耗量及污染物排放量，是以驱动力要素为投入变量，以压力要素为产出变量。冲击节点是指，压力要素造成生态环境的变化，引起自然生态系统的恶化。该节点是以压力要素作为投入指标，状态要素作为产出指标。影响节点反映了生态环境的变化对旅游产业的发展状况、生态系统的服务能力引起的综合影响作用。该节点是以状态要素为投入指标，影响要素为产出指标。

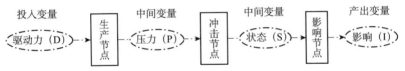

图4－4　自然运行阶段的框架结构

其次，管理反馈阶段。该阶段包含"I-R""R-S""R-P"及"R-D"四条因果关系路径，以生态环境状态的变化为初始原因，影响经济社会发展的支撑环境及生态系统的服务能力，提升城市对环境保护的重视，综合反映了旅游城市对生态安全系统的管理能力，如图4-5所示。本书将该作用链条分为两个节点，并将四个要素分布在两个节点之中，作为相应的投入指标、产出指标。一是为拉动节点。该节点反映了旅游产业发展状况的变化、生态环境服务能力的变化，对旅游城市响应措施的自发作用，测度旅游城市对生态环境变化的应急反应能力。以影响要素为投入变量，以驱动力要素、压力要素及状态要素为产出变量。二是为反馈节点。该节点描述了当前的响应措施起到的改善经济社会发展、缓解污染物对生态环境的破坏及修复自然生态环境的作用。投入变量为响应要素，产出变量为驱动力、压力、状态三个要素。

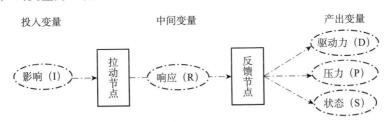

图4－5　管理反馈阶段的框架结构

3. 节点权重的设定

在网络DEA模型中，网络节点的权重反映了各个节点对综合效率的影响程度，是各个节点重要程度的比值。在以往的研究中，研究者为了简化计算步骤，假定各个节点的权重是相同的，忽略了网络节点功能的差异性及重要性。然而，针对不同的生态安全系统，其系统的作用环节对综合效率的影响程度是不同，各个节点的权重应呈现出差异性。根据上文的研究结论，DPSIR 概念模型描述了生态安全系统要素间的作用关系，并按照系统演化的过程整合成一个因果关系链。该因果关系链中既包含了生态安全系统中各个作用环节，也呈现系统内各个作用关系的发生顺序。在旅游城市生态安全系统综合评价中，研究再次将该因果关系链分解为两个阶段、五个节点。网络 DEA 模型的网络节点为系统要素间作用关系的集合。因此，研究将每个网络节点所包含作用关系的影响力度在整个生态安全系统中的重要程度进行综合，测度每个网络节点的重要程度，作为网络 DEA 模型的节点权重，见式（4 - 13）。

$$\lambda_s{}^k = p_s{}^i \Big/ \sum_{i=1}^{n} p_s{}^i \qquad (4-13)$$

且满足：$\sum_{k=1}^{k} \lambda_s{}^k = 1$。

在式（4 - 13）中，$\lambda_s{}^k$ 为第 s 个阶段、第 k 个节点权重，n 为每个作用阶段的节点数。生态安全系统分解为 s 个阶段，每个阶段有 m 条作用路径，p_s^i 为第 s 个阶段内的第 i 条路径系数。同时，每个阶段有 n 个节点，各个节点包含 w 条作用路径。

第四节　本章小结

本章将旅游城市生态安全系统评价分为两个步骤：一是旅游城市生态安全系统要素间关系的数量化研究，对要素间的关系进行数量化的测度及评价，架构科学的旅游城市生态安全系统框架结构；二是旅游城市生态安全系统的综合评价研究，将"要素间关系"作为构建综合评价模型的约束条件，对系统要素进行有机组合，描述系统运行过程，进而评价了生态安全系统的综合状况。

一、旅游城市生态安全系统要素间关系的数量化研究方法

"要素间关系"作为旅游城市生态安全系统的核心组件，而目前相关研究却忽视了对该组件的分析评价。在此，本章提出系统要素间数量化关系研究的重要性，将其作为整个系统评价的基础及前提。研究沿用 DPSIR 概念模型提出的要素关系框架，提出了七组要素间作用关系的初始假设，将结构方程模型作为要素间关系测度的基础模型，进而对每条作用路径进行验证，并测度各个路径的作用强度。同时，在要素间关系测度的基础上，研究为了认知要素间关系的综合状况，引入生态网络的研究方法，将各个要素间的作用关系串联起来，放置在一个综合的生态网络中，构建该网络内的物质能量传递、消耗的动力方程，采用生态网络评价指标对生态安全系统要素间关系进行综合评价。

二、旅游城市生态安全系统综合评价方法

本章将要素关系与系统综合评价相结合，构建要素间关系约束的旅游城市生态安全系统评价模型。本章依据"投入—产出"的关系对旅游城市生态安全系统要素间的作用关系进行贯通整合，引入网络 DEA 模型作为基础评价模型，采用网络化的框架结构对要素间的关系进行有机整合，并采用要素间的数量化关系对网络 DEA 模型的构建进行指导约束。将验证过的要素间作用关系作为网络 DEA 模型的网络节点，构建网络 DEA 模型的框架结构。将每个网络节点所包含的作用关系的影响力度进行综合，辨析每个网络节点的重要程度，作为网络 DEA 模型的节点权重。同时，本章分析了 DPSIR 概念模型在要素提炼、运行过程中两种不同的研究视角，将 DPSIR 概念模型分解为两个阶段：自然运行阶段和管理反馈阶段。并构建两个独立网络 DEA 模型，描述不考虑管理干预情况下的生

旅游城市生态安全系统评价研究

态安全系统自然运行状况和旅游城市对生态安全系统的管理改善行为。分别评价了旅游城市经济社会发展对生态环境的影响作用、旅游城市对生态安全系统的管理能力，进而识别影响旅游城市生态安全系统存续及发展的关键所在。

第五章
中国主要旅游城市生态安全系统的评价研究

　　基于第三章构建的评价指标体系及第四章提出的系统评价模型，本章以中国的 30 个旅游城市为研究对象，对研究数据进行整理收集，对旅游城市生态安全系统评价模型进行实践应用，测度并评价了中国旅游城市生态安全系统要素间的数量化关系，评价比较了旅游城市生态安全系统的综合状况，并对不同类型的旅游城市生态安全系统进行剖析，提出改善其生态安全系统状况的策略建议。

第一节　研究数据的收集

　　生态安全具有时间滞后性、稳定性的特点。生态系统受到冲击与破坏，其严重的后果需要经过长时间的积淀才会逐渐显现。同时，人类对生态系统的修复作用也需要花费漫长的时间才能呈现效果。可见，生态安全系统是各种潜在影响"累积性的后果"，表明显著的"时空滞后性"，其状态呈现出"时间动态上的稳定性及可持续性"。因此，本章提出在一定时间维度内，旅游生态安全系统的状态基本稳定，系统要素间的作用关系保持一致，其系统结构呈现出相对稳定的状况。鉴于此，本章选取 2009 ~ 2012 年，结合各个样本指标观测值构成面板数据。同时，结合开发的旅游城市生态安全评价指标体系，如表 3 - 2 所示，针对 30 个研究对象的实证数据进行收集，主要数据来源于《城市统计年鉴》《环境统计年鉴》《国民经济与社会发展公报》《旅游统计年鉴》及《旅游业统计公报》等。

第二节　旅游城市生态安全系统要素间关系数量化研究结果

一、旅游城市生态安全系统要素间关系的测度结果

旅游城市生态安全系统要素间关系是对生态安全系统要素组合方式、影响作用的描述，是旅游城市生态安全系统的架构途径，也是旅游城市生态安全系统评价研究的主要组成部分。本章以第三章提出的旅游城市生态安全系统 DPSIR 概念模型为理论框架，对生态安全系统要素间的作用关系进行概化、抽象，提炼出七条核心的作用路径，引入结构方程模型对这些作用关系进行数量化分析，实现旅游城市生态安全系统要素间关系的数量化研究。

（一）测量模型检验

1. 信度检验

本章采用内部一致性信度及合成信度对指标体系进行信度检验。表 5-1 显示了 30 个旅游城市生态安全系统 DPSIR 评价指标体系信度分析结果。指标体系中 DPSIR 5 个因子的 CR 值均大于 0.7，各个因子的 Cronbach`a 均大于 0.6，该结果表明，旅游城市生态安全系统评价指标体系具有较高的信度。

表 5-1	信度检验	
潜变量	CR	Cronbach`a
D	0.8732	0.6019
P	0.8986	0.6793
R	0.9057	0.6512
S	0.8793	0.6339
I	0.8803	0.8086

资料来源：作者采用 Visualpls 1.8 软件计算而得。

2. 效度检验

各个潜变量还应该具有较高的内敛效度及判别效度，如表5-2所示。内敛效度采用 AVE 值进行测度，AVE 值的临界值为0.5。本章中五个潜变量的 AVE 值均大于0.5，证明潜变量内敛效度的存在。判别效度反映潜变量之间存在明显差异。本节的数据测度，如表5-2所示，可以看出矩阵对角线上的数值为 AVE 的平方根，均大于对角线左下角相关系数的绝对值，表明结构模型的潜变量之间具有明显的差异性。

表5-2 效度检验

潜变量	AVE 值	D	P	R	S	I
D	0.5007	0.7076				
P	0.5040	0.557	0.7099			
R	0.4975	0.504	0.468	0.7053		
S	0.5011	0.494	0.444	0.460	0.7079	
I	0.5085	0.419	0.403	0.525	0.394	0.7131

资料来源：作者用 Visualpls 1.8 软件计算而得。

（二）结构模型检验

基于DPSIR 概念模型，本章对生态安全系统进行解析，强调旅游城市的响应措施对经济社会发展的调节作用、对污染物的耗散作用以及对自然环境的修复改善作用，从而表明了人类社会对生态安全系统积极主动的反馈能力。从总体来看，DPSIR 模型不仅分析了整个生态安全系统的综合状况，也辨析了影响生态系状况的原因，评价了生态安全响应措施的实施绩效。该模型是一个具有反馈路径的非递归结构方程模型，强调了生态安全系统管理者的重要性，表明了"响应要素"对驱动力、压力、状态的反馈作用，综合描述了管理者所采取的改善措施、调控措施。而后，对新的管理策略再次评价，从而促使管理者持续、不断地增强、改善管理策略。这种往复循环的评价和管理模式促进了人类活动与自然生态环境的和谐，是旅游城市可持续发展的重要措施和保障。

由于本章采用的方法是基于 PLS 的建模方法，其实质是一种循环迭代逐步逼近真实参数值的方法，以预测的准确性为目标，形成潜变量与显变量之间的最佳线性预测关系，并通过反复迭代最终得出相应的参数估计值。由于运用 PLS 建模方法总能得出相应的参数估计值，所以，基于 PLS 结构方程模型的建模方法并不需要在参数估计前进行模型识别。因此，模式识别的问题也是 PLS 建模方法与Lisrel 建模方法的重要区别，Lisrel 建模过程中需要对模型进行识别，而 PLS 建模过程中不存在模型识别的问题。在此，本章采用的是 Visualpls 1.8 计算软件进行结构方程的构建及研究假设的检验，能够对结构方程模型进行测度。

同时，本章采用 Bootstrap 算法，对 DPSIR 概念模型进行实证检验。该算法模拟了从原始数据（总体）中随机抽取大量样本的过程，以原始数据为基础，在保证每个观察单位每次被抽到的概率相等的情况下，作为放回的重复抽样，形成 Bootstrap 样本。根据样本计算相应的统计量，得到参数的估计值，重复若干次形成参数的近似抽样分布；根据抽样分布，获得参数的标准误差和置信区间。目前，Bootstrap 算法已经普遍嵌入结构方程的计算软件中，如 AMOS、LISREL、EQS、Visualpls、Smartpls 等计算软件。由于 Bootstrap 算法适用于样本量较少、不完全符合正态分布的样本类型，较符合本书研究数据的情况。因此，本书选择 Bootstrap 算法对结构方程模型进行检验估算。

本章结合中国旅游城市的实证数据，通过 Visualpls 1.8 软件的Bootstrap 算法，选取拟合系数、共性方差及拟合优度等指标对 DP-SIR 概念模型进行结构模型检验，具体检验参数，如表 5 - 3 所示。可以看出，中国主要旅游城市生态安全系统中五个潜变量的 R^2 均高于 0.4，表明各个旅游城市 DPSIR 概念模型对内生变量均能具有较好的解释力。本模型中，所有潜变量的共性方差都超过 0.5，并且整体模型的平均共性方差为 0.5050，达到了基本要求。依据第四章的式（4-8），研究计算出模型总体拟合程度（0.5314），表明构建模型的预测效果是比较好的。

表 5-3　　　　　　　　　　结构模型检验的参数

潜变量	AVE	R^2	共性方差	Gof
D	0.5007	0.519	0.5006	
P	0.504	0.475	0.5004	
R	0.4975	0.676	0.5039	0.5314
S	0.5011	0.402	0.5014	
I	0.5085	0.724	0.5189	

资料来源：作者采用 Visualpls 1.8 软件计算而得。

同时，该模型是采用 t 检验对各个要素之间的因果关系进行验证，对于假设检验的结果，图 5-1 表示标准化路径系数和 t 值（处于上面位置的为标准化路径系数，下面括号里面的为 t 值）。

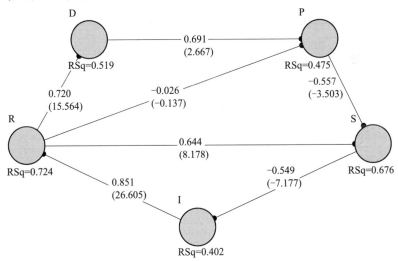

图 5-1　旅游城市生态安全系统 DPSIR 模型的检验结果

资料来源：作者采用 Visualpls 1.8 软件计算而得。

本章检验了中国主要旅游城市的 DPSIR 概念模型，对各个潜变量之间的因果关系研究假设进行验证，描述了生态安全系统要素间的数量化关系，剖析了独特化的 DPSIR 框架体系，具体的检验结果，如表 5-4 所示。根据图 5-1 及表 5-4 的检验结果，H1、H2、H3、H4、H5、H7 的 t 值均大于 1.96，该结果表明上述假设成立，显著水平达到 0.05。而假设 H6 的 t 值为 -0.137，绝对值显著小于 1.96，即在显著水平为 0.05 的条件下"旅游城市生态安全响应要素对压力要素起负向作用"的研究假设被拒绝。该检验结果验证了 DPSIR 概念模型的研究假设并不具有普适性的论点。因此，在不同的生态安全系统中使用 DPSIR 模型时，必须对其内部各要素之间的因果关系进行检验。

表 5-4　　　　　　　　　　假设检验

因果关系假设	接受与否	t 值	路径系数
H1：D→P	√	2.667	0.691
H2：P→S	√	-3.503	-0.557
H3：S→I	√	-7.177	-0.549
H4：I→R	√	26.605	0.851
H5：R→D	√	15.564	0.720
H6：R→P	×	-0.137	—
H7：R→S	√	8.178	0.644

资料来源：作者采用 Visualpls 1.8 软件计算而得。

（三）要素间关系测度的结果分析

本章结合中国主要旅游城市生态安全系统的实证研究数据，对 DPSIR 概念模型进行修正，架构了特色的旅游城市生态安全作用关系网络，剖析不同旅游城市生态安全系统的结构状况。修正后的旅游城市生态安全系统，如图 5-2 所示。

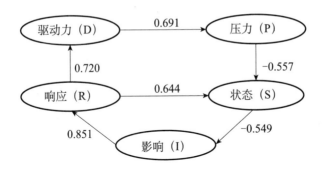

图5－2　修正后的旅游城市生态安全系统的框架结构

资料来源：作者依据 DPSIR 概念模型中的七组研究假设的拟合结果绘制而得。

首先，在"驱动力—压力—状态"因果关系作用的路径上，各个要素间作用关系均呈现较强的影响作用。"驱动力（D）"对"压力（P）"起到显著的正向作用（0.691），"压力（P）"对"状态（S）"起到较大的负面影响（－0.557）。这反映了旅游城市的经济社会发展、旅游产业发展造成了较大强度的能源消耗及污染物排放，对生态环境造成较强的影响作用，推动了整个生态安全系统的演化发展。

其次，在"状态—影响—响应"因果关系作用路径上，"状态（S）"对"影响（I）"起到显著的负向作用（－0.549），表明了目前旅游城市生态环境导致人民生产生活环境的恶化，削弱了当地旅游资源的吸引力，成为阻碍其旅游产业发展的"瓶颈"所在。"影响I"对"响应（R）"的拉动作用非常显著（0.851），反映了近年来中国旅游产业发展成绩卓著，逐渐成为城市经济的重要组成部分，得到了政府部门、当地居民的认可及重视。综上所述，当前生态环境的恶化对旅游产业带来了负面影响，削弱了其产业发展环境及市场竞争力。而当地政府相关管理部门也意识到其生态风险的加剧，产生了高效的应急响应能力，积极主动地采取生态保护、环境改善的措施，增强生态安全系统的响应能力。

再次，在"响应（R）"的反馈作用路径上，"响应（R）"对

"驱动力（D）"的正向作用（0.720）较为显著，反映了旅游城市的生态安全管理措施能够有效地改善城市的经济社会发展环境，优化其经济社会发展模式，刺激旅游产业的持续发展，改善了当地居民的民生状况，促使整个生态安全系统网络结构改善及功能增强。"响应（R）"对"状态（S）"也呈现出较大的正向作用（0.644），反映出其响应措施主要集中在生态环境的改善和修复的功能上，能够维护生态安全系统状态，支撑当前旅游城市社会经济的可持续发展。

最后，在中国旅游城市生态安全系统的 DPSIR 概念模型中，"响应（R）"对"压力（P）"的负向作用不显著。该结果与 DP-SIR 原始概念模型的基本架构不一致，表明了目前旅游城市的响应措施尚未充分起到耗散污染物、缓解生态环境所承受的冲击压力的功效。

二、旅游城市生态安全系统要素间关系的评价结果

上述旅游城市生态安全系统数量化关系的测度揭示了中国旅游城市生态安全系统要素的组合方式，反映了其生态安全系统对物质、能量的容纳能力及耗散能力。在此基础上，本书引入生态网络的研究方法，将各个要素间的关系串联起来，对系统要素间的关系进行有效整合，测度系统要素间作用关系的综合状况及系统的功能实现能力。

（一）生态网络评价指标的测度结果

本章依据旅游城市生态安全系统要素间作用关系的测度结果，如图 5-2 所示，将各组作用关系的路径系数作为系统中各要素间物质、能量的传递系数，箭头代表物质、能量的传递方向。其生态安全系统五大要素形成了一个物质、能量传递的矩阵，如表 5-5 所示。

表 5 – 5　　　　　　5 大要素间物质能量传递矩阵

	D	P	S	I	R	输出总量
D	—	0.691	—	—	—	0.691
P	—	—	− 0.557	—	—	− 0.557
S	—	—	—	− 0.549	—	− 0.549
I	—	—	—	—	0.851	0.851
R	0.72	—	0.644	—	—	1.364
输入总量	0.72	0.691	$-0.557X_P + 0.644X_R$	− 0.549	0.851	

资料来源：数据来自上述研究中测度的旅游城市生态安全系统要素间作用关系的路径系数。

根据第四章中提出的分室 j 的生态网络物质、能量传递公式，式（4 – 6）中的 TIF_j 为从其他分室传递至分室 j 的物质与能量的流量总和。TOF_j 为从分室 j 传递至其他分室的物质、能量的流量总和，dx_j/dt 为分室 j 物质、能量的增长率，构建旅游城市生态安全系统要素间的物质与能量传递方程。以驱动力要素（D）的物质、能量流动状况为例，驱动力（D）形成了两条物质能量流转路径：一是输出路径，该要素向压力（P）进行物质、能量输出，其数量值为 0.691；二是输入路径，响应（R）向驱动力（D）进行物质、能量输入，其数量值为 0.720。因此，驱动力（D）的物质、能量的动力学方程为：$dx_D/dt = 0.720x_R - 0.691x_D$。同样的，研究分别构建其他 4 个要素的物质、能量流动方程，描述了生态安全系统内部的物质、能量的交互过程，见方程组（5 – 1）。

$$\begin{cases} dx_D/dt = 0.720x_R - 0.691x_D \\ dx_P/dt = 0.691x_D + 0.557x_P \\ dx_S/dt = -0.557x_P + 0.644x_R + 0.549x_S \\ dx_I/dt = -0.549x_S - 0.851x_I \\ dx_R/dt = 0.851x_I - 1.364x_R \end{cases}$$ 方程组（5 – 1）

在方程组（5 – 1）中，X_D、X_P、X_S、X_I、X_R 为 t 时刻要素 i 的

物质、能量的存量。

根据第四章的式（4－10）～式（4－12），应用 Matlab 7.10 求解，测度了旅游城市生态安全系统要素间关系综合状况的评价结果。当系统网络处于相对稳定状态时，中国旅游城市生态安全网络的信道容量 D＝2.2289，系统聚合度 A＝1.9307，系统冗余度 R＝0.2982，网络使用率 A/D＝0.8662，网络空闲率 R/D＝0.1338。

（二）要素间关系评价的结果分析

信道容量、聚合度、冗余度是对生态安全网络基本情况的评价指标。根据上述计算结果，中国旅游城市生态安全网络形成了较好的信道容量（D＝2.2289），表明网络内转化、耗散相关物质能量的能力较强，能够较好地承载旅游城市生态系统的安全，最大限度地维护生态安全的可持续发展。系统聚合度较高（A＝1.9307），表明其生态安全网络物质能量交换量较大，DPSIR 的五个要素之间相互依赖的程度高，网络结构稳定成熟。综合来看，中国旅游城市生态安全系统具有较好的信道容量、系统聚合度，适度的系统冗余度，反映了该城市已经塑造了经济、社会及生态环境三个子系统间密切的关联作用路径，形成了高密度、大体量的物质、能量交互行为，并培育了较高的应急响应能力。

使用率、空闲率反映了生态安全网络的发育状况，预示该系统的发展模式及演化趋势。使用率（A/D＝0.8662）较高表明，旅游城市生态安全网络发育比较成熟，已经具有足够的代谢能力，状态相对稳定，代谢路径集中，能够应对经济、社会发展带来的生态风险；空闲率（R/D＝0.1338）相对适中，该系统为旅游城市未来发展及突发事件的发生预留了相对的网络空间。总之，旅游城市生态安全系统足够支撑其经济社会的发展，满足系统物质、能量的代谢需求，且系统结构相对稳定，要素间的作用关系相对稳定。

然而，中国旅游产业正处于高速发展时期，将会给当地生态安全系统带来更多的冲击、压力，打破当前生态安全系统相对平衡、相对稳定的现状。鉴于此,旅游城市应该建立危机意识,加强生态环境保护措施,加强旅游设施建设,提升城市旅游服务能力,从而促使旅游城市生态安全系统突破当前相对成熟、稳定的状态,步入下一个发展周期,扩大生态安全系统要素间的盈余空间,增强生态安全系统的防冲击能力,全面提升其作用网络的系统功能,确保该旅游城市的生态安全系统能够应对其旅游产业快速发展的态势,保证经济社会的可持续发展能力。综合来看,中国旅游城市主要应从以下三个方面进行改进提升。

第一,挖掘现有的系统网络空间。中国旅游城市生态安全系统内部拥有相对过剩的代谢能力,其系统功能存在较多闲置,要素间交互网络存在一定的空闲区域。因此,旅游城市应进一步挖掘现存生态安全作用网络的系统功能,加强路径网络的结构强度,提升系统网络的使用度。结合上述研究,中国旅游城市生态安全的系统中"R-P"的负向作用并不显著。因此,该旅游城市在改善生态安全系统要素间关系状况的过程中,应着眼于"响应(R)"作用能力的改进,增强"响应(R)"对"压力(P)"的缓解能力,提升生态安全响应措施的实施绩效,进而应对城市经济社会的发展、旅游产业发展的冲击影响,保障生态安全系统的可持续发展。

第二,强化旅游产业与城市主体的关联作用。旅游产业越来越成为城市的核心支柱,成为改善经济社会发展模式、降低对生态环境干扰影响的主要产业模式。因此,该旅游城市应进一步增加旅游产业的规模,提升旅游产业的发展速度,进而提升生态安全系统功能的使用率,有效提升系统内耗散功能的利用程度。旅游城市应该强化旅游产业与当地经济社会的关联作用,提升旅游产业的本土化贡献率,加大旅游产业与本地经济链条的融合度,并培育当地居民的旅游休闲理念,促使旅游成为城市居民普遍接受、广泛参与及大力支持的产业模式。

第三,生态安全系统的综合优化。强调旅游产业的"绿色发展模式",严格控制旅游资源开发的规模,引导旅游者的"绿色消费"行为,增强当地居民对自然环境的重视度,根本性地杜绝旅游产业对生态环境的破坏行为。从而减弱"驱动力"要素的源头作用,削弱"压力"要素的冲击作用,优化"状态"要素的状况,增强"影响"要素的正向发展,拉动"响应"要素的反馈作用,使旅游产业成为真正意义上的绿色产业,探索整个生态安全系统良性发展的有效路径。

第三节 旅游城市生态安全系统综合评价结果

一、网络 DEA 模型的参数设置

(一) 网络节点权重的计算

结合 5-1 节对中国旅游城市生态安全系统内部因果关系的测度,如图 5-2 所示,本章将系统要素间的因果关系作用系数代入式(4-16)进行计算,分别测度了自然运行阶段、管理反馈阶段的节点权重。同时,本章将旅游城市生态安全系统视为一个完整的模型,测度每条节点的权重系数,如表 5-6 所示。

表 5-6　　　　　　　　网络节点权重

	自然运行阶段	管理反馈阶段	总体系统
生产节点	0.3845	—	0.1722
冲击节点	0.3100	—	0.1388
影响节点	0.3055	—	0.1368
自然运行阶段权值			0.4479
拉动节点	—	0.3842	0.2121
反馈节点	—	0.6158	0.3401
管理反馈阶段权值			0.5521

注:"—"表示无数值。
资料来源:数据是作者依据式(4-16)对各个网络节点的权重进行计算而得。

（二）模型投入产出指标的预处理

本章以 DPSIR 概念模型定义了五个系统要素的含义，并选取各个系统要素的观测指标，构建了旅游城市生态安全系统的评价指标体系。由于本书构建的评价指标体系是由 45 个具体指标构成的，超出了 DEA 模型能够容纳变量的数量。因此，为了降低研究数据的维度，贴合网络 DEA 模型的要求，本章采用主成分分析方法（principal component analysis，PCA）对生态安全评价指标体系进行降维。将每个维度下具体指标的数据信息进行简化、提炼，分别测算一个综合数值，用以表征 DPSIR 的五个系统要素的主要特征。

主成分分析方法是一种多元统计方法，通过分析事物内部的因果关系来挖掘其主要矛盾，找出事物内在的基本规律。在进行主成分提取时，一般按照累计方差贡献率大于或等于 85%，或者特征值大于 1 的原则进行取舍。本章采用 SPSS 18.0 统计软件，对旅游城市生态安全的各个维度进行主成分提取，对具体的评价指标进行简化、提炼，将 DPSIR 的五个维度下的具体指标提炼为五个综合数值。

1. 驱动力要素的主成分分析

根据旅游城市生态安全系统评价指标体系的框架，见表 3 - 2，对旅游城市生态安全系统"驱动力"要素所选取的数据进行主成分分析。处理后的变量特征值及解释变异量，如表 5 - 7 所示。根据主成分提取原则，选择特征值大于 1 的两个因子，其累计方差贡献率为 88.002%，可表明全部指标的数据信息。驱动力要素主成分的因子得分矩阵，如表 5 - 8 所示。

表 5 - 7　　　　　　　　驱动力要素的累积方差贡献率

提取的成分	初始特征值			成分提取结果		
	特征值	方差贡献率（%）	累积方差贡献率（%）	特征值	方差贡献率（%）	累积方差贡献率（%）
1	2.874	62.229	62.229	2.874	62.229	62.229
2	1.546	25.773	88.002	1.546	25.773	88.002
3	0.807	5.893	93.895			

续表

提取的成分	初始特征值			成分提取结果		
	特征值	方差贡献率（%）	累积方差贡献率（%）	特征值	方差贡献率（%）	累积方差贡献率（%）
4	0.349	4.810	98.706			
5	0.141	1.010	99.715			
6	0.013	0.285	100.000			

资料来源：数据是作者 SPSS 20.0 软件对旅游城市生态安全系统"驱动力"要素所选取数据进行主成分分析的结果。

表 5-8　　　　　　　驱动力要素的因子得分矩阵

指标	成分	
	1	2
D1	0.415	-0.287
D2	-0.077	0.524
D3	-0.145	0.538
D4	0.393	0.251
D5	0.092	0.569
D6	0.485	0.123
D7	0.443	-0.163

资料来源：数据是作者采用 SPSS 20.0 软件对旅游城市生态安全系统"驱动力"要素所选取数据进行主成分分析，提炼出的因子得分矩阵。

由于驱动力要素提炼了两个公因子，分别采用各自的公因子代替原来的观测指标表明各个观测指标的综合状况。根据因子得分矩阵，得出以下因子得分函数：

$$F_{D1} = 0.415x_{d1} - 0.077x_{d2} - 0.145x_{d3} + 0.393x_{d4} + 0.092x_{d5} + 0.485x_{d6} + 0.443x_{d7}$$

$$F_{D2} = -0.287x_{d1} + 0.524x_{d2} + 0.538x_{d3} + 0.251x_{d4} + 0.569x_{d5} + 0.123x_{d6} - 0.163x_{d7}$$
方程组（5-2）

根据两个公因子方差贡献率权数，计算出驱动力要素的综合得分模型：

$$F(D) = \frac{\lambda_1}{\lambda_1 + \lambda_2}F_{D1} + \frac{\lambda_2}{\lambda_1 + \lambda_2}F_{D2} = 0.6502F_{D1} + 0.3498F_{D2}$$
方程组（5-3）

本章采用驱动力要素的公因子代替原来的观测指标，表征各个观测指标的综合状况。根据方程组（5-2），本章设定驱动力要素的因子得分函数，计算 2009~2012 年驱动力要素的公因子数值，具体数值，如附录 1 所示。进而依据公因子方差贡献率权数，得出驱动力要素的综合得分模型，如方程组 5-3 所示，计算了驱动力系统要素的综合数值，如表 5-9 所示。

表 5-9　　　　　　　　驱动力要素的综合数值

序号	城市	公因子1平均值	公因子2平均值	驱动力要素综合数值
1	北京	0.468	0.467	0.467
2	上海	0.259	0.602	0.379
3	天津	0.298	0.777	0.465
4	福州	0.558	0.560	0.559
5	广州	0.442	0.690	0.529
6	海口	0.482	0.201	0.384
7	杭州	0.315	0.477	0.371
8	南京	0.421	0.544	0.464
9	青岛	0.400	0.639	0.483
10	大连	0.240	0.829	0.446
11	石家庄	0.570	0.142	0.420
12	长春	0.312	0.455	0.362
13	长沙	0.452	0.793	0.571
14	哈尔滨	0.340	0.421	0.368
15	合肥	0.452	0.643	0.519
16	呼和浩特	0.492	0.523	0.503
17	南昌	0.682	0.361	0.570
18	南宁	0.748	0.420	0.633
19	太原	0.533	0.219	0.423
20	武汉	0.542	0.896	0.666
21	郑州	0.445	0.401	0.430
22	贵阳	0.525	0.508	0.519
23	昆明	0.611	0.457	0.557
24	兰州	0.493	0.404	0.462
25	乌鲁木齐	0.466	0.645	0.529
26	西安	0.356	0.393	0.369

续表

序号	城市	公因子1 平均值	公因子2 平均值	驱动力要素 综合数值
27	西宁	0.279	0.346	0.303
28	银川	0.446	0.407	0.433
29	重庆	0.388	0.433	0.404
30	成都	0.312	0.540	0.392

资料来源：数据是作者依据方程组（5.2）与方程组（5.3）对旅游城市生态安全系统驱动力要素的综合数值计算而得。

2. 压力要素、状态要素、影响要素及响应要素的主成分分析

遵循上述驱动力要素主成分提取的方法、步骤，本书以特征值大于1，累计方差贡献率大于85%的选取标准，对旅游城市生态安全系统 DPSIR 概念模型中的其他四个要素（压力要素、状态要素、影响要素、响应要素）进行了主成分分析。其中，压力要素、状态要素提炼三个公因子，影响要素提炼两个公因子，响应要素提炼一个公因子。详细的主成分提取个数、累积方差贡献率，如表 5 - 10 所示，各个要素的因子得分系数矩阵，如附录 2 所示。

表 5 - 10　　　　　　　　四个要素的累计方差贡献率

要素	成分	成分提取结果		
		特征值	方差贡献率（%）	累积方差贡献率（%）
压力	1	2.108	48.349	48.349
	2	1.759	19.989	68.339
	3	1.175	16.693	85.032
状态	1	2.873	50.815	50.815
	2	1.625	18.055	68.87
	3	1.307	16.517	85.387
影响	1	2.706	65.017	65.017
	2	1.396	23.451	88.468
响应	1	3.281	85.954	85.954

资料来源：数据是作者采用 SPSS 20.0 软件对旅游城市生态安全系统压力、状态、影响与响应要素所选取数据进行主成分分析的结果。

根据四个系统要素的因子得分矩阵，如附录 2 所示，研究设定各个要素的因子得分函数，计算 2009～2012 年各个要素的公因子

数值，如附录3所示。同时，依据各个要素所属的公因子方差贡献率权数，得出各个要素的综合得分模型，计算各个要素的综合数值，如表5－11所示。

表5－11　　　　　　　　四个要素的综合数值

序号	城市	压力要素综合数值	状态要素综合数值	影响要素综合数值	响应要素综合数值
1	北京	1.136	1.011	1.658	1.621
2	上海	0.901	0.852	1.68	1.544
3	天津	1.261	0.887	1.168	1.305
4	福州	1.379	1.078	1.246	0.868
5	广州	0.973	1.054	1.792	1.291
6	海口	1.175	0.944	0.528	1.33
7	杭州	0.842	1.088	1.272	1.54
8	南京	0.98	0.803	1.417	0.935
9	青岛	1.369	0.864	1.014	1.171
10	大连	1.235	0.883	0.748	1.058
11	石家庄	1.241	0.955	0.609	1.259
12	长春	1.346	0.635	0.72	0.958
13	长沙	1.186	0.704	1.002	1.366
14	哈尔滨	1.351	0.569	0.63	0.751
15	合肥	1.315	0.912	0.702	0.994
16	呼和浩特	1.273	0.793	1.099	1.089
17	南昌	1.252	0.942	0.596	1.158
18	南宁	1.115	0.784	0.516	0.952
19	太原	1.034	0.606	0.774	1.023
20	武汉	1.045	0.785	0.912	1.204
21	郑州	1.098	0.707	0.859	1.214
22	贵阳	1.026	0.997	0.753	1.147
23	昆明	1.19	0.846	0.632	1.033
24	兰州	1.006	0.485	0.39	1.096
25	乌鲁木齐	1.071	0.714	0.714	1.087
26	西安	1.192	0.831	0.685	0.914

序号	城市	压力要素 综合数值	状态要素 综合数值	影响要素 综合数值	响应要素 综合数值
27	西宁	0.939	0.433	0.296	0.879
28	银川	0.892	0.724	0.462	1.41
29	重庆	1.044	0.946	0.588	1.279
30	成都	1.197	0.936	0.884	1.252

资料来源：数据是作者对旅游城市生态安全系统压力、状态、影响与响应要素的综合数值进行计算的结果。

二、旅游城市生态安全系统网络 DEA 模型的评价结果

（一）旅游城市生态安全系统分阶段评价

传统的 DEA 模型在进行效率评价时，主要从投入角度或产出角度出发研究决策单元的相对有效性。然而，在旅游城市生态安全系统中，一方面，要求经济社会总量的提升及发展速度加快；另一方面，要求对环境影响的降低。因此，旅游城市既需要考虑经济社会发展中的投入最大化，也要考虑能源消耗及污染物排放量的最小化，其投入产出指标没有明显的投入导向或者产出导向，呈现双向优化的需求。因此，本章采用非定向的 DEA 模型（non-oriented）进行优化计算。同时，本章将自然运行阶段、管理反馈阶段视为两个独立的网络 DEA 模型，采用表 5-9、表 5-11 的系统要素综合数值作为投入指标及产出指标的数值，按照图 5-2 所示的要素间作用路径架构模型的网络结构（在管理反馈阶段中，"R—P" 的负向作用没有通过检验。因此，反馈节点的产出指标不再包含压力要素，只保留两个指标——状态要素、驱动力要素），采用表 5-6 设置各个综合系统框架的网络节点权重，运用 MaxDEA 6.0 作为评价软件，具体的模型参数设置状况，如表 5-12 所示。测度旅游城市生态安全系统的自然运行阶段的评价值、管理反馈阶段的评价值，

如表 5 - 13 所示。

表 5 - 12　　　　网络 DEA 模型的参数设定值

模型基本性质	自然运行阶段设定值	管理反馈阶段设定值
节点数	3	2
决策单元数	30	30
输入参数个数	1	1
输出参数个数	1	2
中间参数个数	2	1
距离	非径向（SBM）	非径向（SBM）
投入产出导向	非导向（双向优化）	非导向（双向优化）
规模效益	不考虑	不考虑
中间变量	固定不变	固定不变

资料来源：作者运用 MaxDEA 6.0 作为评价软件的时候对具体模型参数的设置。

表 5 - 13　　　　网络 DEA 模型的评价值

序号	决策单元	自然运行阶段评价值	管理反馈阶段评价值
1	北京	1.0662	0.3618
2	上海	1.1614	0.3121
3	天津	1.0883	0.9294
4	福州	0.7917	1.3229
5	广州	1.0686	0.3757
6	海口	1.0036	1.1261
7	杭州	0.9832	0.8529
8	南京	0.8608	0.5957
9	青岛	0.6548	1.1816
10	大连	0.6936	1.2277
11	石家庄	0.7892	0.5789
12	长春	1.0023	0.4885
13	长沙	0.5977	0.5985
14	哈尔滨	1.1018	1.2085
15	合肥	0.4214	0.6727
16	呼和浩特	0.804	0.4925
17	南昌	0.3903	1.014
18	南宁	0.4434	1.046
19	太原	0.9089	0.4938
20	武汉	0.5869	1.0539
21	郑州	0.7452	0.5206

序号	决策单元	自然运行阶段评价值	管理反馈阶段评价值
22	贵阳	0.4106	0.658
23	昆明	0.6907	1.034
24	兰州	0.6719	0.4909
25	乌鲁木齐	0.4381	0.5431
26	西安	0.8088	0.9207
27	西宁	0.4188	0.6893
28	银川	0.6222	0.6333
29	重庆	0.5193	0.9456
30	成都	0.5295	1.0466
均值		0.7424	0.7873
标准差		0.2407	0.3015

资料来源：作者运用 MaxDEA 6.0 软件测算出的旅游城市生态安全系统的自然运行阶段的评价值、管理反馈阶段的评价值。

根据表 5－13 分析，本章对旅游城市生态安全系统进行解析，将其分解为自然运行阶段、管理反馈阶段，分别测度旅游城市发展对自然环境的影响、旅游城市对生态安全系统的管理能力，从而深化对旅游城市生态安全系统的认知程度，提出改善其系统状况的策略建议。

首先，自然运行阶段的效率值越高，反映经济社会发展对生态环境的冲击、压力越强，显著干扰了生态系统的服务功能，削弱了城市旅游产业的可持续发展能力。北京、上海、天津、广州、海口、长春、哈尔滨七个城市的效率值达到了有效性，其中，上海的效率值（1.1614）最高。这反映出旅游城市的发展对生态环境产生了严重的冲击、干扰，对生态安全系统的演化发展起到了强有力的推动作用。相对的，乌鲁木齐、合肥、西宁、贵阳、南昌的效率值明显偏低，反映了其旅游产业对生态环境的破坏作用较小，仍保持和谐共存的态势，尚未产生严重的生态安全问题。

其次，管理反馈阶段的评价值越高，反映了旅游城市能够对生态系统进行有效保护，缓解污染物的破坏作用。福州、哈尔滨、大连、青岛、海口、武汉、成都、南宁、昆明、南昌十个城市管理反馈阶段的效率值达到了有效性，反映了这些城市对其生态安全系统管理能力较强，能够有效地维护旅游城市的发展环境。而北京、上海、广州这三个城市管理反馈阶段的效率值较低。在普遍认知中，北京、上海、广州是中国经济非常发达的城市，在环保技术应用、环境策略落实等方面拥有显著的优势。然而，环保措施作用能力应面向该城市生态环境所承受的污染、冲击的强度进行评价。根据本书的测度结果，相对于这三个城市自然环境所承受的冲击、压力，这三个城市生态安全的响应措施明显匮乏，实施绩效相对较差，难以有效地维护旅游城市的存续与发展。

（二）旅游城市生态安全系统的综合状况

根据旅游城市生态安全系统要素间数量化关系的研究，中国旅游城市的发展对生态环境产生了显著的负面影响，带来了旅游产业支撑环境的恶化，削弱了城市旅游业的可持续发展能力。"自然运行阶段"正是描述了旅游城市发展对生态环境产生的负面干扰作用，其效率值越高，代表了其经济社会发展对生态环境的冲击、压力作用越强，对人类社会、旅游产业的负面影响作用越大。因此，本章将自然运行阶段对旅游城市生态安全系统的影响作用定义为负向，其权值为生产节点、冲击节点、影响节点在总体系统的权值之和（0.4479）。相对来说，管理反馈阶段是认知生态安全系统的管理措施，并将各种措施的实施绩效进行有效整合。因此，该作用阶段起到了缓解经济社会发展压力、修复自然环境、改善经济社会发展模式的功能，对整个生态安全系统产生了积极的正向作用。本节将管理反馈阶段对旅游城市生态安全系统的影响作用定义为正向，其权值为拉动节点、反馈节点在总体系统的权值之和（0.5521）。在此基础上，本节对自然运行阶段、管理反馈阶段两个阶段的效率值，如图5-3所示进行赋权，分别计算求得两个阶段的评价值，在此基础上获得各个旅游城市生态安全系统的综合评价值，如图5-4所示。该综合评价值整合了自然运行阶段和管理反馈阶段的综合影响，表明城市管理能力干预下各个城市的生态安全系统的运行状况。

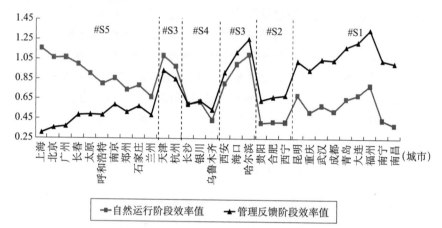

图5-3 分阶段评价值的分类状况

资料来源：作者根据自然运行阶段、管理反馈阶段的评价值绘制而得。

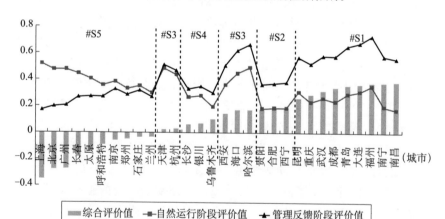

图5-4 综合评价值的分类状况

资料来源：作者根据自然运行阶段评价值、管理反馈阶段评价值、各个城市综合评价绘制而得。

根据图 5-3 及图 5-4 分析，中国的 30 个旅游城市中南昌、南宁、福州、大连及青岛的生态安全系统综合状况最优，呈现出优良的发展趋势。相对的，上海、北京、广州、长春、太原的生态安全系统综合状况最差，承载着较大的冲击压力，并缺乏有效的环保措施。同时，本书根据生态安全系统综合评价值、分阶段效率值的分布状况，将中国旅游城市生态安全系统分为五种类型（从右向左）：绿色发展型旅游城市生态安全系统、稳步发展型旅游城市生态安全系统、高效发展型旅游城市生态安全系统、双向提升型旅游城市生态安全系统和管理能力缺失型旅游城市生态安全系统。针对各个类型的旅游城市生态安全系统进行剖析、评价，提出改善其生态安全系统状况的策略建议。

1. 绿色发展型旅游城市生态安全系统

绿色发展型旅游城市位于坐标系的最右端（如，#S1 所示），包含南昌、南宁、福州、大连、青岛、成都、武汉、重庆、昆明九个城市。这类型生态安全系统的综合评价值高于其他类型的旅游城市，其自然运行阶段效率值偏低，管理反馈阶段效率值较高，表明了该类型旅游城市经济社会发展对生态环境带来的冲击、压力相对较低，并培育出高效、行之有效的生态安全系统的管理措施，促使其生态安全系统不断优化改善。综合来看，该类型旅游城市基本上不属于中国传统的旅游城市，是依赖其独特的旅游资源促进旅游市场的拓展、旅游产业的发展，逐渐成为新兴的热点旅游城市。在维持高效、繁荣的发展势头的同时，这些城市也控制着经济社会发展对生态环境的干扰作用，培育出优越的生态安全系统管理能力，有效地耗散了经济社会发展对生态系统的冲击、压力，维护改善了生态系统的状况。总之，该类旅游城市的生态安全系统处于成熟、健康的运行状态，探索出一条可持续的、绿色发展路径，引领着中国旅游城市生态安全系统的最佳演化方向。

2. 稳步发展型旅游城市生态安全系统

稳步发展型旅游城市包括贵阳、合肥、西宁三个城市（如#S2

所示），其系统的综合效率值略低于"绿色发展型"旅游城市。同时，自然运行阶段的效率值显著低于其他旅游城市，反映出其旅游产业对生态安全系统的干扰作用较弱，也是表明了这些城市的旅游产业刚刚起步，其发展水平较低。然而，这些城市管理反馈阶段的效率值较高，接近于该效率值的平均值，并显著高于自然运行的效率值，反映了这些城市探索可持续的发展路径，培育了充足的生态安全响应能力，能够持续支撑该城市的发展崛起。因此，该类型城市后续发展的核心在于迅速提升经济社会发展水平，增强其旅游产业的竞争力，推进其生态安全系统的演化发展。

3. 高效发展型旅游城市生态安全系统

高效发展型旅游城市位于坐标系的中段（如#S3 所示），包括天津、杭州、西安、海口、哈尔滨五个城市。其中，天津、杭州的自然运行阶段的效率值略高于管理反馈的效率值，西安、海口、哈尔滨的状况则恰好相反。此类型旅游城市生态安全系统的分阶段评价值均相对较高，并且两条曲线较为接近，反映了该类型城市经济社会、旅游产业的发展对生态安全系统产生了显著的冲击作用、压力作用，该类型城市也采取了较强的管理措施，维护了生态系统状况，缓解了生态系统的破坏影响。总之，这类型的旅游城市呈现出积极、高效的发展态势，并与生态环境协同发展、和谐共存。

综合来看，这些旅游城市均拥有深厚的历史文化旅游资源、独特的自然环境资源，且一直以来作为中国的热点旅游目的地。密集的旅游者、高强度的资源开发使得其生态系统一直承受着持续的、高强度的冲击、压力。同时，该类型旅游城市也采取了相对应的生态安全系统管理措施，缓解经济社会发展带来的冲击、压力，支撑旅游产业的可持续发展。对比绿色发展型旅游城市，高效发展型旅游城市生态环境所承受的干扰作用显著较高，是其生态安全系统的短板所在。这也指明了改善其系统状况的有效路径，该类型旅游城市应着重于缓解其生态环境受到的冲击和压力，从源头上遏制生态安全系统的恶化趋势，培育资源节约型绿色产业、环境友好型绿色产业，持续扶植旅游产业的发展，从而转变经济社会发展模式，降低城市发展的环境成本，从根本上改善其生态安全系统的综合状况。

4. 双向提升型旅游城市生态安全系统

双向提升型旅游城市包含长沙、银川、乌鲁木齐三个城市（如#S4 所示），其系统的综合效率值相对较低，其自然运行的效率值、管理反馈阶段的效率值非常接近，反映了该类型旅游城市的经济社会发展相对滞后，对生态安全系统的干扰作用较弱，且其生态安全系统管理能力相对也较低，难以维护生态环境的状况。综合来看，该类型旅游城市尚处于起步、发展阶段，应持续提升经济社会发展水平，加强旅游产业基础设施建设，优化城市的旅游服务职能。同时，其生态安全响应能力也基本饱和，难以满足城市的后续发展。因此，该类型旅游城市在提升自身发展水平的同时，应相对地增加生态环保的策略投入，维护当前生态系统状况，避免旅游产业的发展与生态环境健康的矛盾，对生态安全系统进行全面干预及管理，探索旅游城市经济、社会及自然系统的和谐发展模式。

5. 管理能力缺失型旅游城市生态安全系统

管理能力缺失型旅游城市位于坐标系的最左端（如#S5 所示），包含上海、北京、广州、长春、太原、呼和浩特、南京、郑州、石家庄、兰州十个城市。此类型的生态安全系统的自然运行阶段的效率值远远大于管理反馈阶段的效率值，从而导致生态安全系统的综合评价值均小于零，反映了其生态环境正承受着较强的冲击、影响作用，而其生态安全系统的管理能力却呈现出相对缺失的状况，导致其生态安全系统将持续恶化。

综合来看，这些旅游城市均是中国的区域中心城市，作为地理大区乃至全国的金融、贸易、旅游、管理的中心城市，对其所在区域的政治经济文化、科教、旅游等方面起到引领、辐射、集散的功能。因此，当地的生产生活行为、高强度的旅游产业行为对其生态系统产生了较强的冲击、压力。相对的，这些旅游城市的生态安全系统管理能力却较低，难以缓解生态系统的负面影响，成为影响该类型旅游城市存续、发展的"瓶颈"所在。因此，该类型旅游城市亟待厘清城市居民活动、旅游者活动和旅游开发建设对其生态资源、生态环境的影响作用，改善城市内部物质资源分配结构及利用效率，提高城市节能减排能力，降低经济社会发展对生态系统的冲击、压力，改善自然环境状况。同时，该旅游城市应增强旅游产业与城市经济社会发展的关联作用，提升旅游产业的贡献能力，进而实现旅游城市和旅游业的可持续发展。

第四节　本章小结

本章以中国的 30 个主要旅游城市为研究对象，依据第三章提出的旅游城市生态安全系统评价指标体系研究数据的收集，采用第四章研究构建的旅游城市生态安全系统评价模型对中国主要旅游城市的生态安全系统进行分析评价。主要研究结论如下：

一、中国旅游城市生态安全系统要素间的数量化研究

依据要素间关系测度的研究结论，在中国旅游城市生态安全系统的 DPSIR 概念模型中，响应（R）对压力（P）的负向作用没有通过检验，其他六组因果关系通过检验，表明了旅游城市的响应措施尚未能充分起到耗散污染物，缓解生态环境冲击、压力的功效。在"驱动力—压力—状态"因果关系作用路径上，要素间关系均呈现出较强的影响作用，反映了旅游城市的经济社会发展、旅游产业发展造成了较大强度的能源消耗及污染物排放，对生态环境造成较强的影响。在"状态—影响—响应"因果关系作用路径上，状态（S）对影响（I）起到了显著的负向作用，反映了中国旅游城市的生态环境逐渐恶化，严重影响了旅游产业发展环境，削弱了旅游城

市的生态系统服务能力。影响（I）对响应（R）的拉动作用非常显著，表明旅游产业发展能够对生态安全响应措施起到有效的激发作用、拉动作用。在响应（R）要素的反馈作用路径上，响应（R）对驱动力（D）的正向作用较为显著，反映了旅游城市的生态安全管理措施能够有效地改善城市的经济社会发展环境，刺激旅游产业的持续发展，促使整个生态安全系统网络结构的改善及功能增强。响应（R）对状态（S）也呈现出较大的正向作用，代表了其响应措施主要集中在生态环境的改善、修复功能上，能够维护生态安全系统状态，支撑当前旅游城市社会经济的可持续发展。

依据要素间关系评价的研究结论，中国旅游城市生态安全系统具有较好的信道容量、系统聚合度，适度的系统冗余度，形成了高密度、大体量的物质、能量交互行为，代谢路径相对集中。同时，中国旅游城市生态安全系统的使用率较高，表明旅游城市生态安全网络发育比较成熟，状态相对稳定；空闲率相对适中，反映出该系统为旅游城市未来发展及突发事件预留相对的网络空间。然而，随着中国城市经济及旅游产业的发展，将会打破当前生态安全系统相对平衡稳定的现状。因此，旅游城市应该建立起危机意识，促使旅游城市生态安全系统突破当前相对成熟、稳定的状态，扩大生态安全系统要素间作用网络的盈余空间，从而确保该旅游城市的生态安全系统能够应对其旅游产业快速发展的态势，支撑经济社会的可持续发展。

二、中国旅游城市生态安全系统综合评价研究

在中国的 30 个旅游城市中，以南昌、南宁、福州、青岛及大连的生态安全系统综合状况最优，呈现出优良的发展趋势。相对的，上海、北京、广州、长春、太原的生态安全系统综合状况最差，承载较大的冲击压力，并缺乏有效的环保措施。本章根据生态安全系统综合评价值和分阶段效率值将中国旅游城市生态安全系统分为五种类型。

第一，绿色发展型旅游城市生态安全系统，包含南昌、南宁、

福州、大连、青岛、成都、武汉、重庆、昆明九个城市，其综合评价值高于其他类型的旅游城市，其自然运行阶段效率值偏低，管理反馈阶段效率值较高，反映了其生态安全系统处于成熟、健康的运行状态，指引着中国旅游城市生态安全系统的最佳演化方向。

第二，稳步发展型旅游城市生态安全系统，包括贵阳、合肥、西宁三个城市。该类型城市的旅游产业刚刚起步，其系统的综合效率值略低于"绿色发展型"旅游城市，对生态安全系统的干扰作用较弱，其管理反馈阶段的效率值较高，反映这些旅游城市已探索了可持续的发展路径，培育了充足的生态安全响应能力，能够持续支撑该城市的发展崛起。

第三，高效发展型旅游城市生态安全系统，包括天津、杭州、西安、海口、哈尔滨五个城市，其生态安全系统的分阶段评价值相对较高，反映了该类型生态安全系统正处于积极、高效的发展态势，其经济社会、旅游产业的发展对生态安全系统产生了显著冲击作用。这些城市也采取了较强的管理措施，维护了生态系统状况，缓解了生态系统的破坏影响。该类型生态系统承受的干扰作用较强，显著高于绿色发展型旅游城市，表现出较大的提升、改善空间。

第四，双向提升型旅游城市生态安全系统，包含长沙、银川、乌鲁木齐三个城市。其系统的综合效率值相对较低，自然运行的效率值和管理反馈阶段的效率值非常接近，反映了该类型旅游城市的经济社会发展相对滞后，对生态安全系统的干扰作用较弱，且其生态安全系统管理能力相对也较低，难以有效地维护其生态环境的状况。

第五，管理能力缺失型旅游城市生态安全系统，包含上海、北京、广州、长春、太原、呼和浩特、南京、郑州、石家庄、兰州十个城市，其自然运行阶段的效率值远远大于管理反馈阶段的效率值。这反映了其生态环境正承受着较强的冲击、影响作用，而其生态安全系统管理能力相对缺失，导致其生态安全系统持续恶化。

第六章
结论与展望

第一节　研究结论

旅游城市生态安全系统既包含城市生态安全系统的基本要素，又突显旅游产业的特色，强调城市的旅游职能，是由旅游城市内的经济子系统、社会子系统及自然生态子系统组成的复合系统。对旅游城市生态安全系统的认知与评价是旅游城市改善其生态安全系统状况，促进经济、社会与自然系统和谐共存的基础。本书主要进行了如下研究工作。

首先，本书在中外文相关文献研读的基础上，以 DPSIR 概念模型为基础框架，对旅游城市生态安全系统进行解析，识别该系统内部的核心要素，梳理要素间的作用关系。在此基础上，本书构建了"旅游城市生态安全系统评价指标体系"，将系统要素、要素间作用关系的理论描述落实到具体的评价指标上，支撑后续的测度评价研究。

其次，本书延续了系统解析的基本思想，强调了要素间关系对系统评价的指导及约束作用，提出了旅游城市生态安全系统的评价方法：一是对要素间关系进行数量化研究，引入结构方程模型对要素间作用关系进行测度，对各组作用关系进行验证，测度了系统要素间的作用强度；引入生态网络研究方法（ENA），构建旅游城市生态安全作用网络内物质能量传递、耗散的动力方程，对系统要素间作用关系的现状进行评价。二是基于"要素间关系约束"的系统评价方法，采用网络 DEA 模型，将系统要素间作用关系的结构框架、作用系数均引入该模型中，实现要素间关系的研究成果与旅游城市生态安全系统综合评价的紧密结合，构建了要素间关系约束的生态安全系统评价研究范式，以系统、综合的研究角度对旅游城市生态安全系统进行综合评价。

最后，结合中国主要旅游城市的实证数据，本书对旅游城市生态安全系统评价模型进行实践应用，测度并评价了中国旅游城市生态安全系统要素间的数量化关系，评价、比较了旅游城市生态安全系统的综合状况，并对不同类型的旅游城市生态安全系统进行剖析，提出改善其生态安全系统状况的策略建议。

综上所述，本书的主要研究结论分为旅游城市生态安全系统要素间关系的数量化研究（分为要素间关系测度研究、要素间关系评价研究两个方面）、旅游城市生态安全系统综合评价研究两个方面。

一、旅游城市生态安全系统要素间关系的数量化研究

基于系统评价的基本理论，要素间关系作为旅游城市生态安全系统的核心组件，目前，生态安全研究领域往往忽视了对该组件的分析评价，大多采用主观定义或者依据概念模型的方法对生态安全系统框架进行描述、界定。然而，在面向不同的生态安全系统时，系统要素间关系应呈现差异性，其作用路径的框架结构呈现出不同的网络形态。鉴于此，本书提出，将系统要素间的数量化关系作为系统评价的基础及前提，构建生态安全系统要素间关系的数量化研究方法，提供了认知生态安全系统要素间关系的研究路径。该部分的研究结论主要分为以下两点：

（一）旅游城市生态安全系统要素间关系的测度研究

本书依据 DPSIR 概念模型的基础框架，对生态安全系统要素间关系进行概化、抽象，提炼出七条核心的作用关系路径，引入结构方程模型的偏小二乘法的路径建模方法，对旅游城市生态安全系统要素间关系进行测度研究，对每条作用路径进行验证，并测度了各个作用路径的影响力度。

在中国旅游城市生态安全系统的 DPSIR 概念模型中，响应（R）对压力（P）的负向作用没有通过检验，其他六组因果关系通过检验。该研究结果与 DPSIR 原始概念模型的基本架构不一致，表明了旅游城市的响应措施尚未能充分起到耗散污染物，缓解生态环境冲击、压力的效果。

在"驱动力—压力—状态"因果关系作用路径上，要素间关系均呈现出较强的影响，反映了旅游城市的经济社会发展、旅游产业发展造成了较大强度的能源消耗及污染物排放，对生态环境造成较强的影响。

在"状态—影响—响应"因果关系作用路径上，状态（S）对影响（I）起到显著的负向作用，反映了中国旅游城市的生态环境逐渐恶化，严重影响了旅游产业发展环境，削弱了旅游城市的生态系统服务能力。影响（I）对响应（R）的拉动作用非常显著，表明旅游产业发展能够对生态安全响应措施起到有效的激发作用、拉动作用。

在响应（R）要素的反馈作用路径上，响应（R）对驱动力（D）的正向作用较为显著，反映了旅游城市的生态安全管理措施能够有效地改善城市的经济社会发展环境，优化其经济社会发展模式，刺激旅游产业的持续发展，改善当地居民的民生状况，促使整个生态安全系统网络结构的改善及功能增强。响应（R）对状态（S）也呈现出较大的正向作用，表明了其响应措施主要集中在生态环境的改善和修复功能，能够维护生态安全系统状态，支撑当前旅游城市社会经济的可持续发展。

（二）旅游城市生态安全系统要素间关系的评价研究

本书引入生态网络的研究方法，将各个要素间的作用关系串联起来，放置在一个综合的生态网络中，构建旅游城市生态安全作用网络内的物质能量传递、耗散的动力方程，采用生态网络的评价指标对生态安全系统要素间关系进行综合评价，从而综合探讨了系统要素间作用关系的综合状况及系统的功能实现能力。

中国旅游城市生态安全系统具有较好的信道容量、系统聚合度，适度的系统冗余度，反映了旅游生态安全系统内部已塑造了经济、社会及生态环境三个子系统间密切的关联作用路径，形成了高密度、大体量的物质、能量交互行为，其代谢路径相对集中。同时，中国旅游城市生态安全系统的使用率较高，表明旅游城市生态安全网络发育比较成熟，状态相对稳定；空闲率相对适中，反映出该系统培育了较高的应急响应能力，为旅游城市未来发展及突发事件的发生预留相对的网络空间。

然而，中国城市经济及旅游产业的持续发展将会给当地生态安全系统带来更大的冲击、压力，打破当前生态安全系统平衡稳定的现状。鉴于此，旅游城市应该建立起危机意识，促使旅游城市生态安全系统突破当前相对成熟、稳定的状态，持续增加要素间作用体系的盈余空间，确保旅游城市的生态安全系统能够应对旅游产业快速发展的态势，保证其经济社会的可持续发展能力。

二、旅游城市生态安全系统综合评价研究

本书将要素间关系与系统综合评价相结合，构建了要素间关系约束的旅游城市生态安全系统评价模型，依据"投入—产出"关系对旅游城市生态安全系统要素间的作用关系进行贯通整合，引入网络 DEA 模型作为基础评价模型，采用网络化的框架结构对要素间

关系进行有机整合，并采用要素间的数量化关系对网络 DEA 模型的构建进行指导约束，将验证过的要素间作用关系作为网络 DEA 模型的网络节点，构建网络 DEA 模型的框架结构；对每个网络节点所包含的作用关系的影响力度进行综合，辨析每个网络节点的重要程度，作为网络 DEA 模型的节点权重。同时，本书将 DPSIR 概念模型分解为两个阶段，自然运行阶段和管理反馈阶段。构建了两个独立网络 DEA 模型，分别评价旅游城市经济社会发展对生态环境的影响作用和旅游城市对生态安全系统的管理能力，识别影响生态安全系统存续及发展的关键。

在中国旅游城市生态安全系统评价的实证研究中，本书对自然运行阶段、管理反馈阶段的效率值进行加权综合，得出各个旅游城市生态安全系统的综合评价值，表明城市管理能力干预下的生态安全系统的运行状况。在中国的主要旅游城市中，南昌、南宁、福州、青岛及大连的生态安全系统综合状况最优，呈现出较好的发展趋势。上海、北京、广州、长春、太原的生态安全系统综合状况最差，承载着较大的冲击压力，并缺乏有效的环保措施。本书根据生态安全系统综合评价值、分阶段效率值的分布状况，将中国旅游城市生态安全系统分为五种类型，并针对各个类型的旅游城市生态安全系统进行剖析、评价，提出改善其生态安全系统状况的策略建议：

第一，绿色发展型旅游城市生态安全系统。其综合评价值高于其他类型的旅游城市，其自然运行阶段效率值偏低，管理反馈阶段效率值较高，表明该类型旅游城市经济社会发展对生态环境带来的冲击、压力相对较低，并培育出高效、行之有效的生态安全系统的管理措施，促使生态安全系统不断优化改善。该类旅游城市的生态安全系统处于成熟、健康的运行状态，代表中国旅游城市生态安全系统的最佳演化方向。

第二，稳步发展型旅游城市生态安全系统。其系统的综合效率值略低于绿色发展型旅游城市。其自然运行阶段的效率值显著低于其他旅游城市，反映了其旅游产业对生态安全系统的干扰作用较弱。然而，这些城市管理反馈阶段的效率值较高，接近于该效率值的平均值，并显著高于自然运行的效率值。这反映了这些城市探索出了可持续的发展路径，培育了充足的生态安全响应能力，能够持续支撑该城市的发展崛起。因此，该类型城市后续发展的核心在于迅速提升经济社会发展水平，增强其旅游产业的竞争力，推进其生态安全系统的演化发展。

第三，高效发展型旅游城市生态安全系统。其生态安全系统的分阶段评价值均相对较高，并且两条曲线较为接近，反映了该类型城市经济社会、旅游产业的发展对生态安全系统产生了显著冲击、压力作用，也采取了较强的管理措施，维护了生态系统状况，缓解了生态系统的破坏影响。总之，此类型的旅游城市呈现出积极、高效的发展态势，并与生态环境协同发展、和谐共存。该类型旅游城市生态系统承受的干扰作用较强，显著高于"绿色发展型"旅游城市，具有较大的提升、改善空间。因此，改善其生态安全系统的关键在于，降低生态安全系统所承受的冲击和压力。

第四，双向提升型旅游城市生态安全系统。其系统的综合效率值相对较低，其自然运行的效率值、管理反馈阶段的效率值非常接近，反映了该类型旅游城市的经济社会发展相对滞后，对生态安全系统的干扰作用较弱，且其生态安全系统管理能力相对较低，难以维护生态环境的状况。同时，其生态安全响应能力基本饱和，难以满足城市的后续发展。因此，该类型旅游城市在提升自身发展水平的同时，应相对增加生态环保的策略投入，维护当前生态系统状况，避免旅游产业的发展与生态环境健康的矛盾，探索旅游城市经济、社会及自然系统和谐的发展模式。

第五，管理能力缺失型旅游城市生态安全系统。此类型的生态安全系统自然运行阶段的效率值远远大于管理反馈阶段的效率值，从而导致生态安全系统的综合评价值均小于零，反映出其生态环境正承受着较强的冲击、影响作用，而其生态安全系统管理能力却呈现出相对缺失的状况，导致其生态安全系统持续恶化。因此，该类型的旅游城市应改善城市物质资源分配结构及利用效率，降低经济社会发展对生态系统的冲击、压力，改善自然环境状况，并增强旅游产业与城市经济社会发展的关联作用，提升旅游产业的贡献能力，实现旅游城市和旅游业的可持续发展。

第二节　研究展望

结合上述提出的研究局限性，并结合笔者在研究过程中的思路延展，本书认为，以下几个方面可以作为进一步研究的方向。

第一，采用旅游城市功能类型、发展趋势等特征因素，对旅游城市进行细致的划分。针对不同类型旅游城市的特征，拟构建特色性、差异性的评价指标体系，探讨各种类型旅游城市生态安全系统的作用过程及演化趋势。

第二，结合旅游城市生态安全系统要素间数量化关系的研究结论，采用系统动力学等研究方法，对旅游城市生态安全系统进行系统仿真，辨析系统内具体影响因素间的作用关系，从而辨识影响旅游城市生态安全系统状况的具体原因。

第三，挖掘生态网络的研究方法，引入灵敏性测度模型，探索旅游城市生态安全系统要素间作用关系的持续性、稳定性。根据旅游城市的发展环境，构建生态网络的干扰结构模型，设置旅游城市生态安全系统的干扰因素，预测要素间作用体系的演化趋势。

附录 1

附录 1　　　　　2009～2012 年驱动力要素的公因子数值

城市	2009 年		2010 年		2011 年		2012 年	
	公因子 1	公因子 2	公因子 1	公因子 2	公因子 1	公因子 2	公因子 1	公因子 2
北京	0.338	0.513	0.461	0.572	0.520	0.373	0.551	0.409
上海	0.047	0.603	0.300	0.581	0.352	0.618	0.335	0.605
天津	0.498	0.775	0.195	0.797	0.267	0.739	0.231	0.796
福州	0.425	0.498	0.561	0.344	0.637	0.773	0.611	0.627
广州	0.277	0.705	0.391	0.714	0.583	0.660	0.518	0.679
海口	0.433	0.131	0.394	0.331	0.579	0.140	0.524	0.200
杭州	0.252	0.479	0.489	0.593	0.212	0.381	0.306	0.453
南京	0.257	0.610	0.423	0.482	0.517	0.555	0.488	0.531
青岛	0.352	0.614	0.499	0.512	0.349	0.756	0.400	0.673
大连	0.078	0.868	0.302	0.848	0.289	0.791	0.293	0.810
石家庄	0.739	0.233	0.290	0.006	0.693	0.196	0.556	0.131
长春	0.396	0.566	0.157	0.383	0.386	0.447	0.308	0.425
长沙	0.429	0.635	0.538	0.975	0.395	0.741	0.444	0.820
哈尔滨	0.557	0.571	0.251	0.391	0.280	0.353	0.270	0.366
合肥	0.625	0.772	0.474	0.678	0.331	0.537	0.380	0.585
呼和浩特	0.518	0.830	0.431	0.421	0.525	0.422	0.493	0.421
南昌	0.569	0.403	0.661	0.159	0.767	0.498	0.731	0.383
南宁	0.791	0.502	0.858	0.463	0.632	0.335	0.709	0.379
太原	0.780	0.180	0.456	0.329	0.445	0.154	0.449	0.213
武汉	0.770	0.906	0.436	0.943	0.491	0.851	0.472	0.882
郑州	0.504	0.403	0.494	0.391	0.371	0.407	0.413	0.402
贵阳	0.669	0.790	0.577	0.342	0.397	0.472	0.458	0.428
昆明	0.753	0.374	0.658	0.533	0.488	0.446	0.546	0.475
兰州	0.700	0.486	0.527	0.430	0.340	0.332	0.404	0.366
乌鲁木齐	0.192	0.157	0.248	0.421	0.798	1.067	0.627	0.934
西安	0.591	0.511	0.055	0.441	0.458	0.283	0.321	0.337
西宁	0.565	0.331	0.105	0.392	0.248	0.319	0.199	0.344
银川	0.515	0.531	0.642	0.693	0.247	0.102	0.381	0.303
重庆	0.482	0.526	0.207	0.376	0.477	0.423	0.386	0.407
成都	0.594	0.791	0.177	0.470	0.250	0.445	0.225	0.454

附录 2

附录 2-1　　　　　　压力要素的因子得分矩阵

指标	成分		
	1	2	3
P1	-0.059	-0.228	0.636
P2	-0.061	0.259	0.684
P3	-0.049	0.087	0.749
P4	0.008	0.438	-0.072
P5	-0.051	0.623	0.004
P6	-0.059	0.430	0.275
P7	0.470	0.091	0.308
P8	0.533	-0.083	0.326
P9	0.569	0.107	0.138

资料来源：作者采用 SPSS 20.0 软件对旅游城市生态安全系统压力要素所选取数据进行主成分分析，提炼出的因子得分矩阵。

附录 2-2　　　　　　状态要素的因子得分矩阵

指标	成分		
	1	2	3
S1	0.230	0.582	0.054
S2	0.059	0.334	0.746
S3	0.280	-0.084	0.554
S4	0.272	-0.390	0.617
S5	0.211	0.541	-0.058
S6	0.027	0.553	0.218
S7	0.021	0.512	0.383
S8	0.471	0.029	-0.327
S9	0.488	-0.142	0.149
S10	0.341	-0.002	-0.012

资料来源：数据是作者采用 SPSS 22.0 软件对旅游城市生态安全系统状态要素所选取数据进行主成分分析，提炼出的因子矩阵。

附录 2－3 影响要素的因子得分矩阵

指标	成分	
	1	2
I1	0.517	−0.163
I2	0.456	0.130
I3	0.385	0.075
I4	−0.075	0.677
I5	0.122	0.749
I6	0.164	0.589
I7	0.541	−0.021
I8	0.066	0.776

资料来源：数据是作者采用 SPSS 20.0 软件对旅游城市生态安全系统影响要素所选取数据进行主成分分析，提炼出的因子得分矩阵。

附录 2－4 响应要素的因子得分矩阵

指标	成分
	1
R1	0.358
R2	0.362
R3	0.388
R4	0.305
R5	0.393
R6	0.296
R7	0.281
R8	0.343
R9	0.406
R10	0.342
R11	0.334

资料来源：数据是作者采用 SPSS 20.0 软件对旅游城市生态安全系统压力要素所选取数据进行主成分分析，提炼出的因子得分矩阵。

附录 3

附录 3 – 1   2009～2012 年压力要素的公因子数值

序号	城市	2009 年			2010 年			2011 年			2012 年		
		公因子1	公因子2	公因子3	公因子1	公因子2	公因子3	公因子1	公因子2	公因子3	公因子1	公因子2	公因子3
1	北京	0.877	0.806	0.627	1.780	0.909	0.831	1.703	0.908	0.932	1.730	0.908	0.897
2	上海	0.824	0.612	0.127	1.724	0.683	0.461	1.449	0.640	0.546	1.542	0.655	0.517
3	天津	1.682	0.980	1.015	1.648	0.989	1.055	1.482	1.000	1.140	1.539	0.996	1.111
4	福州	1.668	1.218	1.041	1.729	1.330	1.033	1.490	1.204	1.305	1.571	1.247	1.212
5	广州	1.531	0.680	0.451	1.700	0.789	0.370	1.251	0.657	0.576	1.403	0.702	0.506
6	海口	1.553	0.474	1.273	1.769	0.480	1.354	1.695	0.439	1.343	1.720	0.453	1.347
7	杭州	0.845	0.908	0.815	0.703	0.873	0.908	1.307	0.963	1.122	0.811	0.933	1.049
8	南京	0.880	0.465	0.907	1.558	0.618	0.958	1.361	0.618	1.071	1.428	0.618	1.032
9	青岛	1.261	1.213	0.981	1.694	1.378	1.123	1.561	1.340	1.276	1.606	1.353	1.224
10	大连	1.096	1.157	1.245	1.527	1.263	1.150	1.161	1.196	1.249	1.285	1.219	1.215
11	石家庄	1.357	1.428	0.998	1.409	1.501	0.738	1.158	1.465	0.760	1.243	1.477	0.753
12	长春	1.396	1.142	1.443	1.605	1.189	1.365	1.380	1.161	1.429	1.457	1.170	1.407
13	长沙	1.339	1.220	0.915	1.512	1.349	0.824	1.060	1.156	1.050	1.214	1.221	0.973
14	哈尔滨	1.257	1.058	1.599	1.642	1.190	1.422	1.459	1.127	1.420	1.521	1.148	1.421
15	合肥	1.478	1.089	1.228	1.696	1.339	0.776	1.431	1.320	1.039	1.521	1.326	0.949
16	呼和浩特	1.084	1.262	1.338	1.631	1.097	1.224	1.439	1.071	1.189	1.504	1.080	1.201
17	南昌	1.387	0.886	1.346	1.631	1.054	0.931	1.498	1.057	1.181	1.543	1.056	1.096
18	南宁	1.004	0.655	1.644	1.468	0.819	1.426	1.075	0.827	1.427	1.208	0.825	1.426
19	太原	1.066	0.575	1.304	1.676	0.585	1.003	1.413	0.484	1.030	1.502	0.518	1.021
20	武汉	0.876	0.698	1.031	1.651	0.936	0.748	1.290	0.803	0.961	1.413	0.848	0.888
21	郑州	1.201	1.029	0.901	1.475	1.141	0.779	1.064	1.052	0.960	1.204	1.082	0.898
22	贵阳	1.300	0.243	0.989	1.803	0.315	0.997	1.792	0.376	0.810	1.796	0.355	0.873
23	昆明	1.128	0.692	1.274	1.650	0.967	1.180	1.402	0.922	1.288	1.486	0.938	1.252

序号	城市	2009 年			2010 年			2011 年			2012 年		
		公因子1	公因子2	公因子3	公因子1	公因子2	公因子3	公因子1	公因子2	公因子3	公因子1	公因子2	公因子3
24	兰州	1.478	0.099	1.311	1.649	0.337	1.134	1.385	0.356	1.200	1.475	0.350	1.178
25	乌鲁木齐	1.370	0.349	1.344	1.675	0.518	1.269	1.327	0.434	1.364	1.445	0.462	1.332
26	西安	1.244	0.931	1.196	1.552	1.016	1.193	1.284	0.991	1.190	1.375	1.000	1.191
27	西宁	1.268	0.500	1.289	1.376	0.673	0.992	0.909	0.565	1.024	1.068	0.602	1.013
28	银川	1.331	0.773	1.304	0.675	0.979	1.194	0.199	0.885	1.494	0.361	0.917	1.392
29	重庆	1.229	0.991	1.502	1.216	1.228	0.803	0.630	0.972	1.194	0.829	1.059	1.061
30	成都	1.307	1.119	1.068	1.527	1.102	1.011	1.214	1.127	1.094	1.320	1.118	1.066

资料来源：数据是作者对 2009～2012 年的旅游城市生态安全系统压力要素的综合数值计算而得。

附录 3－2　　　2009～2012 年状态要素的公因子数值

序号	城市	2009 年			2010 年			2011 年			2012 年		
		公因子1	公因子2	公因子3	公因子1	公因子2	公因子3	公因子1	公因子2	公因子3	公因子1	公因子2	公因子3
1	北京	1.121	1.173	0.700	1.153	1.097	0.998	0.962	1.196	0.806	1.027	1.162	0.871
2	上海	1.104	0.608	1.267	1.012	0.312	1.247	0.786	0.379	0.928	0.863	0.356	1.037
3	天津	0.817	0.437	1.192	0.854	0.358	1.405	0.843	0.520	1.239	0.847	0.465	1.296
4	福州	1.438	0.692	1.768	1.441	0.130	1.275	1.417	0.160	1.259	1.425	0.150	1.264
5	广州	1.042	0.379	1.711	1.067	0.382	1.560	1.012	0.455	1.523	1.031	0.430	1.536
6	海口	1.251	0.381	1.861	1.179	0.107	1.326	1.016	0.121	1.144	1.071	0.116	1.206
7	杭州	1.272	0.564	1.232	1.183	0.359	1.734	1.093	0.376	1.592	1.123	0.370	1.640
8	南京	0.947	0.591	1.163	0.964	0.384	1.166	0.640	0.448	0.899	0.750	0.426	0.990
9	青岛	1.089	0.750	0.940	1.090	0.543	1.084	0.770	0.647	0.868	0.879	0.611	0.942
10	大连	1.040	0.736	0.587	1.318	0.542	0.976	1.173	0.650	0.785	1.223	0.613	0.850
11	石家庄	1.148	0.666	1.227	0.846	0.670	0.887	0.864	0.753	1.390	0.858	0.725	1.219
12	长春	0.512	0.378	1.055	0.825	0.197	0.962	0.407	0.509	0.761	0.549	0.403	0.829
13	长沙	0.908	0.365	1.322	0.921	0.135	0.962	0.626	0.159	0.887	0.726	0.151	0.912
14	哈尔滨	0.442	0.683	0.452	0.598	0.195	0.946	0.554	0.258	0.834	0.569	0.237	0.872
15	合肥	0.757	0.380	1.219	0.729	0.335	1.610	0.641	0.430	1.649	0.671	0.398	1.635
16	呼和浩特	0.803	0.554	0.836	0.963	0.231	0.979	1.060	0.422	1.013	1.027	0.357	1.001

序号	城市	2009 年			2010 年			2011 年			2012 年		
		公因子1	公因子2	公因子3	公因子1	公因子2	公因子3	公因子1	公因子2	公因子3	公因子1	公因子2	公因子3
17	南昌	0.996	0.545	1.086	1.389	0.381	1.427	0.827	0.563	1.066	1.019	0.501	1.189
18	南宁	1.043	0.395	1.758	0.918	0.209	1.175	0.622	0.174	0.836	0.723	0.186	0.951
19	太原	0.607	0.367	0.756	0.737	0.280	0.876	0.476	0.457	0.763	0.565	0.397	0.802
20	武汉	0.951	0.388	1.334	0.861	0.201	1.348	0.561	0.146	1.134	0.663	0.165	1.207
21	郑州	0.688	0.301	1.065	0.762	0.091	1.261	0.542	0.257	1.117	0.616	0.200	1.166
22	贵阳	1.059	0.607	1.398	1.141	0.424	1.509	0.915	0.400	1.309	0.992	0.408	1.377
23	昆明	0.919	0.557	1.496	0.728	0.376	1.249	0.652	0.635	0.968	0.678	0.547	1.063
24	兰州	0.343	0.024	0.253	0.625	0.124	1.218	0.496	0.172	1.139	0.539	0.156	1.166
25	乌鲁木齐	0.803	0.409	0.344	0.804	0.389	1.262	0.616	0.914	0.663	0.680	0.735	0.867
26	西安	0.838	0.529	1.120	0.943	0.360	1.285	0.791	0.385	1.045	0.843	0.377	1.126
27	西宁	0.551	0.519	0.430	0.435	0.172	0.461	0.420	0.346	0.553	0.425	0.287	0.522
28	银川	0.644	0.667	0.900	0.889	0.395	1.016	0.614	0.528	0.801	0.708	0.483	0.874
29	重庆	0.861	0.730	1.068	0.952	0.554	1.217	0.819	0.777	1.308	0.864	0.701	1.277
30	成都	1.261	0.531	1.183	1.330	0.706	1.009	1.058	0.537	0.809	1.150	0.594	0.877

资料来源：数据是作者对 2009~2012 年的旅游城市生态安全系统状态要素的综合数值计算而得。

附录 3-3   2009~2012 年影响要素的公因子数值

序号	城市	2009 年		2010 年		2011 年		2012 年	
		公因子1	公因子2	公因子1	公因子2	公因子1	公因子2	公因子1	公因子2
1	北京	2.221	0.936	2.252	0.895	1.901	0.838	2.020	0.858
2	上海	2.355	0.622	2.296	0.608	1.976	1.067	2.085	0.911
3	天津	1.395	0.698	1.389	0.632	1.480	0.778	1.449	0.728
4	福州	1.338	1.514	1.325	1.519	0.912	1.244	1.052	1.337
5	广州	2.255	1.153	2.272	1.049	2.086	1.078	2.149	1.068
6	海口	0.307	1.157	0.329	0.855	0.290	0.823	0.303	0.834
7	杭州	1.235	1.150	1.306	1.199	1.123	1.661	1.185	1.504
8	南京	1.473	1.481	1.544	1.561	1.196	1.412	1.314	1.463
9	青岛	1.045	1.200	1.090	1.034	0.865	1.006	0.942	1.016

续表

序号	城市	2009 年		2010 年		2011 年		2012 年	
		公因子 1	公因子 2	公因子 1	公因子 2	公因子 1	公因子 2	公因子 1	公因子 2
10	大连	0.953	0.429	1.002	0.438	0.825	0.478	0.885	0.464
11	石家庄	0.456	1.235	0.476	0.980	0.341	0.758	0.387	0.834
12	长春	0.819	0.576	0.901	0.522	0.651	0.726	0.736	0.657
13	长沙	0.923	1.225	0.887	1.300	0.749	1.321	0.796	1.314
14	哈尔滨	0.623	0.770	0.646	0.650	0.545	0.665	0.579	0.660
15	合肥	0.632	0.738	0.629	0.821	0.477	1.155	0.529	1.042
16	呼和浩特	1.050	0.722	1.082	1.450	0.868	1.526	0.940	1.500
17	南昌	0.334	0.964	0.335	1.103	0.301	1.135	0.313	1.124
18	南宁	0.224	0.952	0.263	1.009	0.189	1.100	0.214	1.069
19	太原	0.789	0.816	0.827	0.783	0.621	0.917	0.691	0.872
20	武汉	1.047	0.764	1.095	0.745	0.828	0.880	0.919	0.834
21	郑州	0.783	1.129	0.813	1.071	0.562	1.193	0.647	1.152
22	贵阳	0.545	1.158	0.589	1.292	0.427	1.103	0.482	1.167
23	昆明	0.451	1.255	0.456	0.758	0.450	0.920	0.452	0.865
24	兰州	0.241	0.629	0.275	0.572	0.245	0.678	0.255	0.642
25	乌鲁木齐	0.508	1.153	0.549	1.116	0.466	1.017	0.494	1.051
26	西安	0.811	0.558	0.837	0.563	0.650	0.572	0.714	0.569
27	西宁	0.319	0.371	0.406	0.365	0.229	0.135	0.289	0.213
28	银川	0.326	0.923	0.400	0.484	0.317	0.654	0.345	0.597
29	重庆	0.571	0.751	0.603	0.655	0.407	0.753	0.474	0.720
30	成都	0.862	0.992	0.903	0.920	0.773	0.983	0.817	0.962

资料来源：数据是作者对 2009~2012 年的旅游城市生态安全系统影响要素的综合数值计算而得。

附录 3 - 4　　　**2009~2012 年响应要素的公因子数值**

序号	城市	2009 年	2010 年	2011 年	2012 年
1	北京	1.751	1.512	1.629	1.589
2	上海	1.648	1.397	1.599	1.530
3	天津	1.314	1.273	1.326	1.308
4	福州	0.755	0.873	0.933	0.913

续表

序号	城市	2009 年	2010 年	2011 年	2012 年
5	广州	1.314	1.182	1.366	1.303
6	海口	1.205	1.416	1.336	1.363
7	杭州	1.533	1.509	1.570	1.549
8	南京	1.092	0.824	0.929	0.893
9	青岛	1.201	1.145	1.175	1.165
10	大连	1.202	1.045	0.983	1.004
11	石家庄	1.204	1.285	1.270	1.275
12	长春	0.893	0.966	0.990	0.982
13	长沙	1.231	1.211	1.573	1.450
14	哈尔滨	0.648	0.860	0.725	0.771
15	合肥	1.084	1.023	0.916	0.952
16	呼和浩特	1.085	1.052	1.122	1.098
17	南昌	1.059	1.127	1.242	1.203
18	南宁	0.856	0.900	1.053	1.001
19	太原	1.095	0.806	1.155	1.037
20	武汉	1.258	1.162	1.205	1.190
21	郑州	1.294	1.070	1.283	1.210
22	贵阳	0.946	1.038	1.357	1.249
23	昆明	1.059	0.836	1.177	1.061
24	兰州	1.201	0.696	1.356	1.131
25	乌鲁木齐	1.027	0.635	1.488	1.198
26	西安	0.837	0.969	0.915	0.934
27	西宁	0.731	0.551	1.233	1.001
28	银川	1.470	1.374	1.402	1.393
29	重庆	1.281	1.150	1.382	1.303
30	成都	1.176	1.223	1.321	1.288

资料来源：数据是作者对 2009～2012 年的旅游城市生态安全系统响应要素的综合数值计算而得。

参考文献

[1] 毕功兵，梁樑，杨锋. 两阶段生产系统的 DEA 效率评价模型 [J]. 中国管理科学，2007（2）：92 - 96.

[2] 曹红军. 浅评 DPSIR 模型 [J]. 环境科学与技术，2005（S1）：110 - 111，126.

[3] 曹新向，郭志永，雒海潮. 区域土地资源持续利用的生态安全研究 [J]. 水土保持学报，2004（2）：192 - 195.

[4] 曹新向，姬晓娜，安传艳. 基于生态足迹分析的区域旅游可持续发展定量评价研究——以开封市为例 [J]. 环境科学与管理，2006（6）：133 - 136.

[5] 曾维华，杨月梅. 环境承载力不确定性多目标优化模型及其应用——以北京市通州区区域战略环境影响评价为例 [J]. 中国环境科学，2008（7）：667 - 672.

[6] 陈东景，徐中民. 西北内陆河流域生态安全评价研究——以黑河流域中游张掖地区为例 [J]. 干旱区地理，2002（3）：219 - 224.

[7] 陈国阶. 论生态安全 [J]. 重庆环境科学，2002（3）：1 - 3，18.

[8] 陈浩，周金星，陆中臣等. 荒漠化地区生态安全评价——以首都圈怀来县为例 [J]. 水土保持学报，2003（1）：58 - 62.

[9] 陈明生，黄义雄. 我国滨海地区生态旅游资源开发利用问题研究——以福建为例 [J]. 甘肃社会科学，2006（5）：248 - 250，254.

[10] 程道品，程瑾鹤，肖婷婷. 旅游公共服务体系与旅游目

的地满意度的结构关系研究——以桂林国家旅游综合改革试验区为例 [J]. 人文地理, 2011 (5): 111-116.

[11] 崔胜辉, 洪华生, 黄云凤等. 生态安全研究进展 [J]. 生态学报, 2005 (4): 861-868.

[12] 戴晓兰, 季奎, 吕方等. 基于物元模型的城市生态健康评价 [J]. 云南地理环境研究, 2007 (2): 58-63.

[13] 邓卫. 旅游城市的发展与建设 [J]. 现代城市研究, 1997 (4): 40-447.

[14] 杜巧玲, 许学工, 刘文政. 黑河中下游绿洲生态安全评价 [J]. 生态学报, 2004 (9): 1916-1923.

[15] 方创琳, 刘彦随. 河西地区生态重建与经济可持续发展战略研究 [J]. 地球科学进展, 2001 (2): 251-256.

[16] 付在毅, 许学工. 区域生态风险评价 [J]. 地球科学进展, 2001 (2): 267-271.

[17] 傅伯杰, 刘宇. 国际生态系统观测研究计划及启示 [J]. 地理科学进展, 2014 (7): 893-902.

[18] 高波, 王莉芳, 庄宇. DPSIR 模型在西北水资源可持续利用评价中的应用 [J]. 四川环境, 2007 (1): 33-35, 62.

[19] 顾晓薇, 王青, 王军等. 国家生态压力与生态利用效率研究 [J]. 资源科学, 2007 (1): 142-146.

[20] 郭日生. 《21 世纪议程》: 行动与展望 [J]. 中国人口资源与环境, 2012 (5): 5-8.

[21] 郭秀锐, 毛显强, 杨居荣. 生态系统健康效果——费用分析方法在广州城市生态规划中的应用 [J]. 中国人口资源与环境, 2005 (5): 130-134.

[22] 郭秀锐, 杨居荣, 毛显强. 城市生态系统健康评价初探 [J]. 中国环境科学, 2002 (6): 46-50.

[23] 郭秀锐, 杨居荣, 毛显强. 城市生态足迹计算与分析——以广州为例 [J]. 地理研究, 2003 (5): 654-662.

［24］郭秀锐．城市生态系统健康评价［D］．北京：北京师范大学，2003．

［25］郭中伟．建设国家生态安全预警系统与维护体系——面对严重的生态危机的对策［J］．科技导报，2001（1）：54－56．

［26］韩忆楠，刘小茜，彭建．煤炭矿区生态风险识别研究［J］．资源与产业，2013（3）：78－85．

［27］何永彬，王筱春．生态型旅游资源开发的环境影响评价研究——以石林为例［J］．云南师范大学学报（自然科学版），2006（6）：52－57，66．

［28］黄春华，马爱花．基于城市生态美学视野中的城市生态环境探析［J］．前沿，2009（8）：128－130．

［29］姜乃力．论城市生态系统特征及其平衡的调控［J］．水土保持学报，2005（2）：187－190．

［30］姜秋香，付强，王子龙．三江平原水资源承载力评价及区域差异［J］．农业工程学报，2011（9）：184－190．

［31］蒋耀．基于综合方法的区域可持续发展指标体系选择［J］．系统工程理论方法应用，2006（5）：441－444．

［32］金波，吴小根．中国旅游城市体系研究［J］．城市研究，1999（5）：31－34，63．

［33］黎诚．土地利用总体规划实施评价研究［D］．杨凌：西北农林科技大学，2008．

［34］李果，吴晓莆，罗遵兰等．构建我国生物多样性评价的指标体系［J］．生物多样性，2011（5）：497－504．

［35］李健，钟永德，王祖良等．国内生态旅游环境承载力研究进展［J］．生态学杂志，2006（9）：1141－1146．

［36］李娜．地级市旅游目的地营销系统（DMS）的构建研究［D］．西安：陕西师范大学，2008．

［37］李向明．基于DPSIR概念模型的山地型旅游区生态健康诊断与调控研究［D］．昆明：云南大学，2012．

［38］李晓峰．旅游城市生态安全可拓性测评研究［D］．太原：太原理工大学，2013.

［39］李亚娟．武汉市旅游生态安全研究［D］．武汉：华中师范大学，2011.

［40］李艳菊，张启波，杨光宇．宏观政策对城市生态环境的影响及治理对策［J］．黑龙江环境通报，2005（1）：72-73.

［41］刘仁志，汪诚文，郝吉明．环境承载力量化模型研究［J］．应用基础与工程科学学报，2009（1）：49-61.

［42］刘世荣．论生态系统与耗散结构［J］．辽宁林业科技，1988（5）：64-65，73.

［43］刘香瑞，韩海荣．城市生态系统可持续发展评价研究——以北京市为例［J］．林业资源管理，2006（5）：28-33.

［44］刘洋，蒙吉军，朱利凯．区域生态安全格局研究进展［J］．生态学报，2010（24）：6980-6989.

［45］刘勇，刘友兆，徐萍．区域土地资源生态安全评价——以浙江嘉兴市为例［J］．资源科学，2004（3）：69-75.

［46］刘智慧，来永斌，孙翠玲等．矿业城市生态环境质量状况综合评价［J］．辽宁石油化工大学学报，2004（3）：39-44.

［47］卢九经．西部大开发与甘肃省城市生态环境建设［J］．甘肃省经济管理干部学院学报，2002（2）：31-34.

［48］逯元堂，王金南，李云生．可持续发展指标体系在中国的研究与应用［J］．环境保护，2003（11）：17-21，26.

［49］罗劲松．城市生态环境的特征与今后发展方向探讨——以合肥市为例［J］．林业勘查设计，2004（2）：24-27.

［50］罗小娟，曲福田，冯淑怡等．太湖流域生态补偿机制的框架设计研究——基于流域生态补偿理论及国内外经验［J］．南京农业大学学报（社会科学版），2011（1）：82-89.

［51］吕君，刘丽梅．草原旅游发展中社区居民环境意识水平的调查分析［J］．中国农村经济，2008（1）：40-49.

[52] 马克明, 傅伯杰, 黎晓亚等. 区域生态安全格局: 概念与理论基础 [J]. 生态学报, 2004 (4): 761-768.

[53] 马世骏. 生态工程——生态系统原理的应用 [J]. 生态学杂志, 1983 (4): 20-22.

[54] 毛蒋兴, 闫小培. 城市交通干道对土地利用的廊道效应研究——以广州大道为例 [J]. 地理与地理信息科学, 2004 (5): 58-61.

[55] 莫丹, 管东生, 黄康有等. 广州城区生态安全岛典型植物群落结构及物种多样性 [J]. 生态学报, 2011 (6): 1515-1524.

[56] 秦晓楠, 卢小丽. 沿海城市生态安全作用机理及系统仿真研究 [J]. 中国人口资源与环境, 2014 (2): 60-68.

[57] 曲格平. 关注生态安全之二: 影响中国生态安全的若干问题 [J]. 环境保护, 2002 (7): 3-6.

[58] 曲小溪, 肖贵蓉, 王乐. 生态旅游环境承载力的一种新测量 [J]. 北京第二外国语学院学报, 2006 (9): 63-66, 19.

[59] 任志远, 黄青, 李晶. 陕西省生态安全及空间差异定量分析 [J]. 地理学报, 2005 (4): 597-606.

[60] 任中起. 国家生态安全评价研究 [D]. 杭州: 浙江理工大学, 2010.

[61] 史培军, 王静爱, 冯文利等. 中国土地利用/覆盖变化的生态环境安全响应与调控 [J]. 地球科学进展, 2006 (2): 111-119.

[62] 宋振春, 陈方英. 两种类型旅游节事居民感知的比较研究——对泰安泰山国际登山节和东岳庙会的问卷调查 [J]. 旅游学刊, 2008 (12): 63-69.

[63] 苏美蓉, 陈彬, 陈晨等. 中国低碳城市热思考: 现状、问题及趋势 [J]. 中国人口资源与环境, 2012 (3): 48-55.

[64] 苏美蓉, 杨志峰, 王红瑞等. 一种城市生态系统健康评价方法及其应用 [J]. 环境科学学报, 2006 (12): 2072-2079.

[65] 孙菲菲. 基于 DPSIR 模型的低碳旅游评价体系的构建及应用 [J]. 财经理论研究, 2013 (6): 96-103.

[66] 孙磊. 胶州湾海岸带生态系统健康评价与预测研究 [D]. 青岛: 中国海洋大学, 2008.

[67] 唐先武. 曲格平: 关注中国的生态安全 [J]. 沿海环境, 2002 (5): 12-13.

[68] 万绪才, 王厚廷, 傅朝霞等. 中国城市入境旅游发展差异及其影响因素——以重点旅游城市为例 [J]. 地理研究, 2013 (2): 337-346.

[69] 汪朝辉. 山岳型森林公园生态安全评价研究 [D]. 长沙: 中南林业科技大学, 2012.

[70] 王根绪, 程国栋, 钱鞠. 生态安全评价研究中的若干问题 [J]. 应用生态学报, 2003 (9): 1551-1556.

[71] 王耕, 王利, 吴伟. 区域生态安全概念及评价体系的再认识 [J]. 生态学报, 2007 (4): 1627-1637.

[72] 王辉, 林建国, 周佳明. 城市旅游环境承载力的经济学模型建立与分析 [J]. 大连海事大学学报, 2006 (3): 18-20,25.

[73] 王暖, 仵彦卿. 驱动力—压力—状态—影响—响应/网络分析法整合模型在上海宝山区产业规划方案评价中的应用 [J]. 环境污染与防治, 2011 (7): 105-110.

[74] 王琦, 杨欢. 基于网络 DEA 模型的我国证券公司经营效率研究 [C]. 第九届中国软科学学术年会, 北京, 2013.

[75] 王文瑞. 基于 DPSIR 模型的干旱区自然保护区旅游生态容量研究 [C]. 自然地理学与生态安全学术研讨会, 兰州, 2012.

[76] 王依军. 中国资源环境统计指标体系框架设计 [J]. 统计与决策, 2011 (21): 36-38.

[77] 王永彪. 海城市生态环境现状与对策 [J]. 辽宁城乡环境科技, 2002 (3): 33-36.

[78] 王忠君, 蔡君, 张启翔. 旅游活动对云蒙山国家森林公

园景观及视觉的影响评价 [J]. 河北林业科技, 2004 (1): 32 - 35.

[79] 魏春凤. 生态安全评价指标体系研究 [D]. 长春: 东北师范大学, 2007.

[80] 魏权龄, 庞立永. 链式网络 DEA 模型 [J]. 数学的实践与认识, 2010 (1): 213 - 222.

[81] 吴次芳, 陈美球. 土地生态系统的复杂性研究 [J]. 应用生态学报, 2002 (6): 753 - 756.

[82] 吴国庆. 区域农业可持续发展的生态安全及其评价探析 [J]. 生态经济, 2001 (8): 22 - 25.

[83] 肖笃宁, 布仁仓, 李秀珍. 生态空间理论与景观异质性 [J]. 生态学报, 1997 (5): 3 - 11.

[84] 肖笃宁, 陈文波, 郭福良. 论生态安全的基本概念和研究内容 [J]. 应用生态学报, 2002 (3): 354 - 358.

[85] 肖士恩, 雷家骕. 中国环境污染损失测算及成因探析 [J]. 中国人口资源与环境, 2011 (12): 70 - 74.

[86] 肖新成, 何丙辉, 倪九派等. 农业面源污染视角下的三峡库区重庆段水资源的安全性评价——基于 DPSIR 框架的分析 [J]. 环境科学学报, 2013 (8): 2324 - 2431.

[87] 谢立勇, 李悦, 钱凤魁等. 粮食生产系统对气候变化的响应: 敏感性与脆弱性 [J]. 中国人口资源与环境, 2014 (5): 25 - 30.

[88] 徐雅静, 汪远征. 主成分分析应用方法的改进 [J]. 数学的实践与认识, 2006 (6): 68 - 75.

[89] 徐雁南, 徐超. 中山陵风景区城市森林生态旅游综合效益分析评价 [J]. 南京林业大学学报 (人文社会科学版), 2007 (4): 86 - 90.

[90] 许联芳, 杨勋林, 王克林等. 生态承载力研究进展 [J]. 生态环境, 2006 (5): 1111 - 1116.

［91］闫云平，余卓渊，富佳鑫等．西藏景区旅游承载力评估与生态安全预警系统研究［J］．重庆大学学报，2012（S1）：92-98.

［92］严密．鹫峰国家森林公园生态效益评价研究［D］．北京：北京林业大学，2005.

［93］杨京平．全球生态村运动述评［J］．生态经济，2000（4）：46-48.

［94］杨庆媛．西南丘陵山地区土地整理与区域生态安全研究［J］．地理研究，2003（6）：698-708.

［95］姚治君，王建华，江东．区域水资源承载力的研究进展及其理论探析［J］．水科学进展，2002（1）：111-115.

［96］叶文虎，仝川．联合国可持续发展指标体系述评［J］．中国人口资源与环境，1997（3）：83-87.

［97］尹豪，方子节．可持续发展预警的指标构建和预警方法［J］．农业现代化研究，2000（6）：332-336.

［98］余中元，李波，张新时．社会生态系统及脆弱性驱动机制分析［J］．生态学报，2014（7）：1870-1879.

［99］俞孔坚．生物保护的景观生态安全格局［J］．生态学报，1999（1）：10-17.

［100］喻立，王建力，李昌晓等．基于DPSIR与AHP的宁夏沙湖湿地健康评价［J］．西南大学学报（自然科学版），2014（2）：124-130.

［101］袁明鹏，严河．城市生态系统健康评价的层次分析法应用研究［J］．科学学与科学技术管理，2003（8）：84-86.

［102］张虹波，刘黎明，张军连．黄土丘陵区土地资源生态安全及其动态评价［J］．资源科学，2007（4）：193-200.

［103］张虹波，刘黎明．土地资源生态安全研究进展与展望［J］．地理科学进展，2006（5）：77-85.

［104］张金萍，张保华，刘衍君等．中国农业生态安全及相关

研究进展 [J]. 世界科技研究与发展, 2005 (2): 42-46.

[105] 张良, 任柏明, 冯英俊. 引入时间变量的数据包络分析模型 [J]. 数学的实践与认识, 2006 (4): 29-33.

[106] 张林英, 周永章, 杨国华等. 可持续发展指标体系研究简评 [J]. 云南地理环境研究, 2005 (5): 88-93.

[107] 张彦举. 系统评价方法的比较研究 [D]. 南京: 河海大学, 2005.

[108] 张智光. 基于共生空间的人类文明与生态安全演化理论 [C]. 第十五届中国科协年会第24分会场: 贵州发展战略性新兴产业中的生态环境保护研讨会, 贵阳, 2013.

[109] 章杰宽, 姬梅, 朱普选. 国外旅游可持续发展研究进展述评 [J]. 中国人口资源与环境, 2013 (4): 139-146.

[110] 赵晓红. 可持续发展中的生态安全问题 [J]. 中共中央党校学报, 2004 (3): 109-113.

[111] 赵赞, 李丰生. 生态旅游环境承载力评价研究——以桂林漓江为例 [J]. 安徽农业科学, 2007 (8): 2380-2383, 2385.

[112] 郑锋, 阎小培. 产业活动对城市生态环境的影响与政策调控——以海口市为例 [J]. 热带地理, 2004 (1): 42-45, 59.

[113] 周丰, 郭怀成, 刘永等. 湿润区湖泊流域水资源可持续发展评价方法 [J]. 自然资源学报, 2007 (2): 290-301.

[114] 周海丽, 史培军, 徐小黎. 深圳城市化过程与水环境质量变化研究 [J]. 北京师范大学学报 (自然科学版), 2003 (2): 273-279.

[115] 朱晔, 叶民强. 区域可持续发展预警的SWARM博弈仿真模拟探析 [J]. 财经研究, 2002 (1): 57-63.

[116] 诸大建, 李耀新. 建立上海可持续发展指标体系的研究 [J]. 上海环境科学, 1999 (9): 385-387.

[117] 邹长新, 沈渭寿. 生态安全研究进展 [J]. 农村生态环境, 2003 (1): 56-59.

[118] 左伟，王桥，王文杰等. 区域生态安全评价指标与标准研究 [J]. 地理学与国土研究，2002（1）：67-71.

[119] 左伟，周慧珍，王桥等. 区域生态安全综合评价与制图——以重庆市忠县为例 [J]. 土壤学报，2004（2）：2.

[120] Agency E. E. Halting the loss of biodiversity by 2010: Proposal for a first set of indicators to monitor progress in europe [M]. EEA Copenhagen. 2007.

[121] Alberti M., Booth D. and Hill K. et al. The impact of urban patterns on aquatic ecosystems: An empirical analysis in Puget lowland sub-basins [J]. Landscape Urban Plan, 2007, 80 (4): 345-361.

[122] Atkins J. P., Burdon D. and Elliott M. et al. Management of the marine environment: Integrating ecosystem services and societal benefits with the DPSIR framework in a systems approach [J]. Marine Pollution Bulletin, 2011, 62 (2): 215-226.

[123] Atkisson A., Hatcher R. L. The compass index of sustainability: prototype for a comprehensive sustainability information system [J]. Journal of Environmental Assessment Policy and Management, 2001, 3 (4): 509-532.

[124] Barnthouse L. W., Suter G. W. and Rosen A. E. Inferring population-level significance from individual-level effects: An extrapolation from fisheries science to ecotoxicology [J]. ASTM special technical publication, 1988, (1007): 289-300.

[125] Bartell S. M., Lefebvre G. and Kaminski G. et al. An ecosystem model for assessing ecological risks in Quebec rivers, lakes, and reservoirs. Ecological Modelling, 1999, 124 (1): 43-67.

[126] Benini L., Bandini V. and Marazza D. et al. Assessment of land use changes through an indicator-based approach: A case study from the Lamone river basin in Northern Italy [J]. Ecological Indicators, 2010, 10 (1): 4-14.

［127］ Benites J. , Tschirley J. Land quality indicators and their use in sustainable agriculture and rural development ［J］. FAO Land and Water Bulletin, 1997, 12 (5): 2 - 6.

［128］ Blancas F. J. , Caballero R. and Gonzalez M. et al. Goal programming synthetic indicators: An application for sustainable tourism in Andalusian coastal counties ［J］. Ecological Economics, 2010, 69 (11): 2158 - 2172.

［129］ Borja A. , Galparsoro I. and Solaun O. et al. The european water framework directive and the DPSIR, a methodological approach to assess the risk of failing to achieve good ecological status ［J］. Estuarine Coastal and Shelf Science, 2006, 66 (1 - 2): 84 - 96.

［130］ Borrett S. R. , Fath B. D. and Patten B. C. Functional integration of ecological networks through pathway proliferation ［J］. Journal of Theoretical Biology, 2007, 245 (1): 98 - 111.

［131］ Bowen R. E. , Depledge M. H. Rapid assessment of marine pollution (RAMP) ［J］. Marine Pollution Bulletin, 2006, 53 (10 - 12): 631 - 639.

［132］ Bramwell B. Governance, the state and sustainable tourism: a political economy approach ［J］. Journal of Sustainable Tourism, 2011, 19 (4 - 5): 459 - 477.

［133］ Brown L. R. Building a society of sustainable development ［M］. Beijing: Scientific and Technological Literature Press. 1984.

［134］ Brown S. S. , Reinert K. H. A Conceptual-Framework for Ecological Risk Assessment ［J］. Environ Toxicol Chem, 1992, 11 (2): 143 - 144.

［135］ Brown T. M. , Kuzyk Z. Z. A. and Stow J. P. et al. Effects-Based Marine Ecological Risk Assessment at a Polychlorinated Biphenyl-Contaminated Site in Saglek, Labrador, Canada ［J］. Environ Toxicol Chem, 2013, 32 (2): 453 - 467.

[136] Budeanu A. Impacts and responsibilities for sustainable tourism: a tour operator's perspective [J]. Journal of cleaner production, 2005, 13 (2): 89 – 97.

[137] Cernat L. , Gourdon J. Paths to success: Benchmarking cross-country sustainable tourism [J]. Tourism Management, 2012, 33 (5): 1044 – 1056.

[138] Chang C. M. , Hsu M. H. and Yen C. H. Factors affecting knowledge management success: the fit perspective [J]. Journal of Knowledge Management, 2012, 16 (6): 847 – 861.

[139] Choi H. C. , Murray I. Resident attitudes toward sustainable community tourism [J]. Journal of Sustainable Tourism, 2010, 18 (4): 575 – 594.

[140] Choi H. C. , Sirakaya E. Sustainability indicators for managing community tourism [J]. Tourism Manage, 2006, 27 (6): 1274 – 1289.

[141] Choi H-S. C. , Sirakaya E. Measuring residents' attitude toward sustainable tourism: Development of sustainable tourism attitude scale [J]. Journal of Travel Research, 2005, 43 (4): 380 – 394.

[142] Clark W. C. , Jger J. and Corell R. et al. Assessing vulnerability to global environmental risks: report of the workshop on vulnerability to global environmental change: challenges for research, assessment and decision making, 22 – 25 May, Airlie House, Warrenton, Virginia. Research and Assessment Systems for Sustainability Program Discussion Paper 2000 – 12. Cambridge, M. A. , Environmental and Natural Resources Program [J]. Belfer Center for Science and International Affairs (BCSIA), Kennedy School of Government, Harvard University, 2000: 67 – 78.

[143] Commission B. , Commission B. Our common future [M]. Oxford: Oxford University Press. 1987.

[144] Costanza R. , Darge R. and Degroot R. et al. The value of

the world's ecosystem services and natural capital [J]. Nature, 1997, 387 (6630): 253 –260.

[145] Costanza R. The ecological, economic, and social importance of the oceans [J]. Ecol Econ, 1999, 31 (2): 199 –213.

[146] De Jonge V. N. , Pinto R. and Turner R. K. Integrating ecological, economic and social aspects to generate useful management information under the EU Directives "ecosystem approach" [J]. Ocean Coast Manage, 2012, (68): 169 – 188.

[147] European Environment Agency. Halting the loss of biodiversity by 2010: proposal for a first set of indicators to monitor progress in europe [C]. EEA Copenhagen, 2005.

[148] Fath B. Network mutualism: Positive community-level relations in ecosystems [J]. Ecological Modelling, 2007, 208 (1): 56 –67.

[149] Finger R. , Buchmann N. An ecological economic assessment of risk-reducing effects of species diversity in managed grasslands [J]. Ecol Econ, 2015, (110): 89 –97.

[150] Finlayson B. L. , Barnett J. and Wei T. Y. et al. The drivers of risk to water security in Shanghai [J]. Regional Environmental Change, 2013, 13 (2): 329 –340.

[151] Fons M. V. S. , Fierro J. A. M. and Patnio M. G. Y. Rural tourism: a sustainable alternative [J]. Appl Energ, 2011, 88 (2): 551 –557.

[152] Forsyth T. Environmental responsibility and business regulation: the case of sustainable tourism [J]. Geographical Journal, 1997 (163): 270 –280.

[153] Fortanier F. , Van Wijk J. Sustainable tourism industry development in sub-Saharan Africa: Consequences of foreign hotels for local employment [J]. International Business Review, 2010, 19 (2): 191 –205.

[154] Gabrielsen P. , Bosch P. Environmental indicators: typology and use in reporting [J]. EEA, Copenhagen, 2003: 11 -16.

[155] Giupponi C. Decision Support Systems for implementing the European Water Framework Directive: The Mulino approach [J]. Environmental Modelling & Software, 2007, 22 (2): 248 -258.

[156] Glück P. , Tarasofsky R. G. and Byron N. et al. Options for strengthening the international legal regime for forests [C]. Document for the European Commission, 1996.

[157] Gobin A. , Jones R. and Kirkby M. et al. Indicators for pan-European assessment and monitoring of soil erosion by water [J]. Environmental Science & Policy, 2004, 7 (1): 25 -38.

[158] Grossman G. M. , Krueger A. B. Economic-Growth and the Environment [J]. Quarterly Journal of Economics, 1995, 110 (2): 353 -377.

[159] Haberl H. , Gaube V. and Diaz-delgado R. et al. Towards an integrated model of socioeconomic biodiversity drivers, pressures and impacts. A feasibility study based on three European long-term socio-ecological research platforms [J]. Ecological Economics, 2009, 68 (6): 1797 -1812.

[160] Hall C. M. Policy learning and policy failure in sustainable tourism governance: from first-and second-order to third-order change? [J]. J Sustain Tour, 2011, 19 (4 -5): 649 -671.

[161] Hannon B. Ecological pricing and economic efficiency [J]. Ecological Economics, 2001, 36 (1): 19 -30.

[162] Harvey J. The natural economy [J]. Nature, 2001, 413 (68): 463 -470.

[163] Heggem D. T. , Edmonds C. M. and Neale A. C. et al. A landscape ecology assessment of the Tensas River Basin. Environmental Monitoring and Assessment, 2000, 64 (1): 41 -54.

[164] Homerdixon T. F. , Boutwell J. H. and Rathjens G. W. Environmental-Change and Violent Conflict. Scientific American, 1993, 268 (2): 38 – 45.

[165] Hunsaker C. T. , Graham R. L. and Suter Ⅱ G. W. et al. Assessing ecological risk on a regional scale [J]. Environ Manage, 1990, 14 (3): 325 – 332.

[166] Hunter C. , Shaw J. The ecological footprint as a key indicator of sustainable tourism [J]. Tourism Manage, 2007, 28 (1): 46 – 57.

[167] Janssen M. A. , Ostrom E. Resilience, vulnerability, and adaptation: A cross-cutting theme of the International Human Dimensions Programme on Global Environmental Change. Global Environmental Change, 2006, 16 (3): 237 – 239.

[168] Johnston R. J. , Tyrrell T. J. A dynamic model of sustainable tourism [J]. Journal of Travel Research, 2005, 44 (2): 124 – 134.

[169] Jones M. R. , Torgersen T. Late Quaternary Evolution of Lake Carpentaria on the Australia New Guinea Continental-Shelf [J]. Australian Journal of Earth Sciences, 1988, 35 (3): 313 – 24.

[170] Jorgensen S. E. , Nielsen S. R. and Mejer H. Emergy, Environ, Exergy and Ecological Modeling [J]. Ecol Model, 1995, 77 (2 – 3): 99 – 109.

[171] Kao C. Network data envelopment analysis: A review [J]. European Journal of Operational Research, 2014, 239 (1): 1 – 16.

[172] Kasperson J. X. , Kasperson R. E. Global environmental risk [M]. Routledge, 2013.

[173] Kasperson J. X. , Kasperson R. E. International workshop on vulnerability and global environmental change [J]. SEI Risk and Vulnerability Programme Report, 2001, 1 – 7.

[174] Kessler J. J. Usefulness of the human carrying-capacity concept in assessing ecological sustainability of land-use in semiarid regions [J]. Agr Ecosyst Environ, 1994, 48 (3): 273 - 284.

[175] Ko T. G. Development of a tourism sustainability assessment procedure: a conceptual approach [J]. Tourism Management, 2005, 26 (3): 431 - 445.

[176] Luers A. L., Lobell D. B. and Sklar L. S. et al. A method for quantifying vulnerability, applied to the agricultural system of the Yaqui Valley, Mexico [J]. Global Environmental Change-Human and Policy Dimensions, 2003, 13 (4): 255 - 267.

[177] Mangi S. C., Roberts C. M. and Rodwell L. D. Reef fisheries management in Kenya: Preliminary approach using the driver-pressure-state-impacts-response (DPSIR) scheme of indicators [J]. Ocean & Coastal Management, 2007, 50 (5): 463 - 480.

[178] Marshall N. A., Stokes C. J. and Webb N. P. et al. Social vulnerability to climate change in primary producers: A typology approach [J]. Agriculture Ecosystems & Environment, 2014 (186): 86 - 93.

[179] Marull J., Pino J. and Mallarach J. M. et al. A land suitability index for strategic environmental assessment in metropolitan areas [J]. Landscape Urban Plan, 2007, 81 (3): 200 - 212.

[180] Meadows D. H., Meadows D. L. and Randers J. et al. The limits to growth [J]. New York, 1972, 102: 34 - 37.

[181] Miller D., Merrilees B. and Coghlan A. Sustainable urban tourism: understanding and developing visitor pro-environmental behaviours [J]. J Sustain Tour, 2015, 23 (1): 26 - 46.

[182] Miller G., Rathouse K. and Scarles C. et al. Public understanding of sustainable tourism [J]. Ann Tourism Res, 2010, 37 (3): 627 - 645.

[183] Mitchell J. K. Natural hazards research [J]. Perspectives on environment, association of american geographers, Washington, DC, 1974, 311 – 341.

[184] Muler G. Flow fields in reflected waves at a sloped sea wall. Ocean Engineering, 2007, 34 (11 – 12): 1786 – 1789.

[185] Muradian R. Ecological thresholds: a survey [J]. Ecological Economics, 2001, 38 (1): 7 – 24.

[186] Mysiak J., Giupponi C. and Rosato P. Towards the development of a decision support system for water resource management [J]. Environmental Modelling & Software, 2005, 20 (2): 203 – 214.

[187] Odion D. C., Sarr D. A. Managing disturbance regimes to maintain biological diversity in forested ecosystems of the Pacific Northwest. Forest Ecology and Management, 2007, 246 (1): 57 – 65.

[188] Odum H. T. Energy-systems concepts and self-organization-a rebuttal [J]. Oecologia, 1995, 104 (4): 518 – 522.

[189] Omann I., Stocker A. and Jager J. Climate change as a threat to biodiversity: An application of the DPSIR approach [J]. Ecological Economics, 2009, 69 (1): 24 – 31.

[190] Ozseker K., Eruz C. and Ciliz S. et al. Assessment of heavy metal contribution and associated ecological risk in the coastal zone sediments of the Black Sea: Trabzon [J]. Clean-Soil Air Water, 2014, 42 (10): 1477 – 1482.

[191] Patten B. C. Environs-relativistic elementary-particles for e-cology [J]. American Naturalist, 1982, 119 (2): 179 – 219.

[192] Perrings C. Mitigation and adaptation strategies for the control of biological invasions [J]. Ecological Economics, 2005, 52 (3): 315 – 325.

[193] Pickett S. T. A., Mcgrath B. and Cadenasso M. L. et al. Ecological resilience and resilient cities [J]. Building Research and Informa-

tion, 2014, 42 (2): 143 –157.

[194] Poff N. L., Richter B. D. and Arthington A. H. et al. The ecological limits of hydrologic alteration (ELOHA): a new framework for developing regional environmental flow standards [J]. Freshwater Biology, 2010, 55 (1): 147 –170.

[195] Prescott-Allen R. The Wellbeing of Nations: a country-by-country index of quality of life and the environment [J]. Environmental Change & Security Project Report, 2002.

[196] Rapport D. J., Maffi L. Eco-cultural health, global health, and sustainability [J]. Ecol Res, 2011, 26 (6): 1039 –1049.

[197] Rapport D. J. Evolution of indicators of ecosystem health [J]. Ecological Indicators, Vols 1 and 2, 1992, 121 –134.

[198] Rijsberman M. A., Van De Ven F. H. M. Urban water planning: working with subjectivity [J]. Int Ser Prog Wat Res, 2003, (8) 13 –25.

[199] Rogers S. I., Greenaway B. A UK perspective on the development of marine ecosystem indicators [J]. Marine Pollution Bulletin, 2005, 50 (1): 9 –19.

[200] Rothberg R. R. Managing crises before they happen: What every executive needs to know about crisis management [J]. J Prod Innovat Manag, 2002, 19 (1): 103 –105.

[201] Rowntree K., Wadeson R. A geomorphological framework for the assessment of instream flow requirements. Aquatic Ecosystem Health & Management, 1998, 1 (2): 125 –141.

[202] Saysel A. K., Barlas Y. and Yenigun O. Environmental sustainability in an agricultural development project: a system dynamics approach [J]. J Environ Manage, 2002, 64 (3): 247 –260.

[203] Schaeffer D. J., Herricks E. E. and Kerster H. W. Ecosystem health. measuring ecosystem health [J]. Environ Manage, 1988, 12

(4): 445 - 455.

[204] Shi X. Q. , Zhao J. Z. and Zhiyun O. Y. Assessment of eco-security in the knowledge grid e-science environment [J]. Journal of Systems and Software, 2006, 79 (2): 246 - 252.

[205] Sijtsma K. On the use, the misuse, and the very limited usefulness of cronbach's alpha [J]. Psychometrika, 2009, 74 (1): 107 - 120.

[206] Smeets E. , Weterings R. Voor toegepast-natuurwetenschap-pelijk N. C. O. Environmental indicators: typology and overview [M]. European Environment Agency Copenhagen, 1999.

[207] Smith S. P. , Johnston R. B. and Howard S. Putting yourself in the picture: an evaluation of virtual model technology as an online shopping tool [J]. Information Systems Research, 2011, 22 (3): 640 - 659.

[208] Spangenberg J. H. , Bonniot O. Sustainability indicators: a compass on the road towards sustainability [M]. Wuppertal Institut für Klima, Umwelt, Energie GmbH, 1998.

[209] Stathopoulou M. , Cartalis C. Daytime urban heat islands from Landsat ETM + and Corine land cover data: An application to major cities in Greece [J]. Sol Energy, 2007, 81 (3): 358 - 368.

[210] Tepelus C. M. , Cordoba R. C. Recognition schemes in tourism—from 'eco' to 'sustainability'? [J]. Journal of Cleaner Production, 2005, 13 (2): 135 - 140.

[211] Tone K. , Tsutsui M. Dynamic DEA with network structure: A slacks-based measure approach [J]. Omega-International Journal of Management Science, 2014, 42 (1): 124 - 131.

[212] Tsaur S. H. , Lin Y. C. and Lin J. H. Evaluating ecotourism sustainability from the integrated perspective of resource, community and tourism [J]. Tourism Management, 2006, 27 (4): 640 - 653.

[213] Tscherning K. , Helming K. and Krippner B. et al. Does research applying the DPSIR framework support decision making? [J]. Land Use Policy, 2012, 29 (1): 102 –110.

[214] Turnock D. Sustainable rural tourism in the Romanian Carpathians [J]. Geogr J, 1999, 165: 192 –199.

[215] Ueda T. , Amatatsu H. Proposition of new network DEA models based on the unified DEA model [J]. Operations Research and Its Applications, 2010, 12 (4): 70 –82.

[216] Ulanowicz R. E. Quantitative methods for ecological network analysis [J]. Computational Biology and Chemistry, 2004, 28 (5 – 6): 321 –339.

[217] Urban J. B. , Osgood N. D. and Mabry P. L. Developmental systems science: exploring the application of systems science methods to developmental science questions [J]. Research in Human Development, 2011, 8 (1): 11 –25.

[218] Wang S. , Xu L. and Yang F. L. et al. Assessment of water ecological carrying capacity under the two policies in Tieling City on the basis of the integrated system dynamics model [J]. Sci Total Environ, 2014, 472 (10): 70 –81.

[219] Warfield J. N. Obstacles to systems science programs in higher education: overview [J]. Int J Gen Syst, 2007, 36 (1): 79 –89.

[220] Wight A. C. , Lennon J. J. Selective interpretation and eclectic human heritage in Lithuania [J]. Tourism Management, 2007, 28 (2): 519 –529.

[221] Wold H. , Bertholet J-L. The PLS (partial least squares) approach to multidimensional contingency tables [C]. the International Conference on the Analysis of Multidimensional Contingency Tables, University of Rome, 1981.

[222] Wolfslehner B. , Vacik H. Mapping indicator models: From

intuitive problem structuring to quantified decision-making in sustainable forest management [J]. Ecological Indicators, 2011, 11 (2): 274 – 283.

[223] Worthing Eb. Ibp-international goals [J]. Science, 1968, 161 (3839): 313 –318.

[224] Wu Y. Y., Wang H. L. and Ho Y. F. Urban ecotourism: Defining and assessing dimensions using fuzzy number construction [J]. Tourism Manage, 2010, 31 (6): 739 –743.

[225] Zhang Y., Li S. S. The time-series study of Xiangjiang River water carrying capacity based on the ecological footprint of water resource-The Chang ZhuTan region, for example [J]. Adv Mater Res-Switz, 2012, (518): 4362 –4370.